「通古察今」系列丛书

商周时期的社会变革
——历史教学中应把握的几个问题

李凯 著

河南人民出版社

图书在版编目(CIP)数据

商周时期的社会变革:历史教学中应把握的几个问题 / 李凯著. — 郑州:河南人民出版社,2019.12(2025.3重印)
("通古察今"系列丛书)
ISBN 978-7-215-12014-3

Ⅰ.①商… Ⅱ.①李… Ⅲ.①社会变革-研究-中国-商周时代 Ⅳ.①K223.07

中国版本图书馆CIP数据核字(2019)第270884号

河南人民出版社出版发行
(地址:郑州市郑东新区祥盛街27号 邮政编码:450016 电话:0371-65788075)
新华书店经销　　　　环球东方(北京)印务有限公司印刷
开本　787mm×1092mm　　　　1/32　　　　印张　4.5
字数　63千
2019年12月第1版　　　　　　　　2025年3月第2次印刷

定价:48.00元

"通古察今"系列丛书编辑委员会

顾　问　刘家和　瞿林东　郑师渠　晁福林
主　任　杨共乐
副主任　李　帆
委　员　(按姓氏拼音排序)

安　然　陈　涛　董立河　杜水生　郭家宏
侯树栋　黄国辉　姜海军　李　渊　刘林海
罗新慧　毛瑞方　宁　欣　庞冠群　吴　琼
张　皓　张建华　张　升　张　越　赵　贞
郑　林　周文玖

序　言

在北京师范大学的百余年发展历程中，历史学科始终占有重要地位。经过几代人的不懈努力，今天的北京师范大学历史学院业已成为史学研究的重要基地，是国家首批博士学位一级学科授予权单位，拥有国家重点学科、博士后流动站、教育部人文社会科学重点研究基地等一系列学术平台，综合实力居全国高校历史学科前列。目前被列入国家一流大学一流学科建设行列，正在向世界一流学科迈进。在教学方面，历史学院的课程改革、教材编纂、教书育人，都取得了显著的成绩，曾荣获国家教学改革成果一等奖。在科学研究方面，同样取得了令人瞩目的成就，在出版了由白寿彝教授任总主编、被学术界誉为"20世纪中国史学的压轴之作"的多卷本《中国通史》后，一批底蕴深厚、质量高超的学术论著相继问世，如八卷本《中国文化发展史》、二十卷本"中国古代社会和政治研究丛书"、三卷本《清代理学史》、五卷本《历史文化认同与中国统一多民族国家》、二十三卷本《陈垣全集》，以及《历史视野下的中华民族精神》《中西古代历史、史学与理论比较研究》《上博简〈诗论〉研究》等,这些著作皆声誉卓著,在学界产生较大影响,得到同行普遍好评。

除上述著作外,历史学院的教师们潜心学术,以探索精神攻关,又陆续取得了众多具有原创性的成果,在历史学各分支学科的研究上连创佳绩,始终处在学科前沿。为了集中展示历史学院的这些探索性成果,我们组织编写了这套"通古察今"系列丛书。丛书所收著作多以问题为导向,集中解决古今中外历史上值得关注的重要学术问题,篇幅虽小,然问题意识明显,学术视野尤为开阔。希冀它的出版,在促进北京师范大学历史学科更好发展的同时,为学术界乃至全社会贡献一批真正立得住的学术佳作。

当然,作为探索性的系列丛书,不成熟乃至疏漏之处在所难免,还望学界同人不吝赐教。

北京师范大学历史学院
北京师范大学史学理论与史学史研究中心
北京师范大学"通古察今"系列丛书编辑委员会
2019 年 1 月

目 录

前　言 \ 1

一、关于夏商西周政治制度变革 \ 4
　　——兼谈教学主线
　　（一）"三代"制度的损益 \ 5
　　（二）难点剖析 \ 30
　　（三）寻求主线 \ 40

二、关于周武王是否大规模分封 \ 45
　　——兼谈史料遴选
　　（一）周武王不可能大规模分封 \ 46
　　（二）史料遴选是教学的重点 \ 52
　　（三）典型案例 \ 63

三、关于分封制是否无土可分 \ 69
——兼谈结构不良问题的解决

（一）"褒封"应不存在无土可分的现象 \ 70

（二）封邦建国也不应存在无土可分的现象 \ 73

（三）采田可能无土可分 \ 82

（四）结构不良问题 \ 90

四、关于商鞅变法是否承认土地私有 \ 95
——兼谈唯物主义的落地

（一）商鞅变法前秦国的土地制度 \ 96

（二）战国时期土地私有程度 \ 104

（三）战国各国普遍推行的授田制 \ 108

（四）其他 \ 113

参考文献 \ 129

前 言

春秋战国发生的社会巨变,人们耳熟能详。它从经济领域的铁器牛耕发端,给上层建筑的方方面面带来深刻的影响,最终迎来了制度文化统一的秦汉时代。但是这样的变化并不是一蹴而就的,不仅经历了东周数百年的激荡,而且在这一场变革来临之前,商周制度文化早就有所沉淀,最终呈现出中华文化绵延不绝的历史特点。孔子对商周时期的社会变革观察得非常仔细,他虽是殷商之后,对殷商文化制度谙熟于心,但对周代礼乐文明无比青睐,感慨"周监于二代,郁郁乎文哉!吾从周"(《论语·八佾》)。他曾经和子张讨论过三代损益的话题。《论语·为政》记载:"子张问:'十世可知也?'子曰:'殷因于夏礼,所损益,可知也;周因于殷礼,所损益,可知也。其或继周者,虽百世,可知也。'"

夏商周三代是中国早期文化制度最主要的创制时期。孔子旨在强调夏商周三代之间的传承关系：制度文化不可能是凭空捏造产生的，一定是在前代经验的基础上针对当时的社会需要而进行种种调整，这是历史发展的规律。《论语·卫灵公》中孔子向颜回讲述为邦之道时说"行夏之时，乘殷之辂，服周之冕，乐则韶舞"，孔子以夏之历法、殷之车辇、周之冠冕以及虞舜之韶乐为邦国政治建设的重要组成部分，说明他看到了前代不同历史阶段的特点，并能取我所需、遴选重组，构建了他和他门人的政治理想国。从中国历史数千年的发展线索来看，孔子的观点堪称卓见。从夏商西周到春秋战国，中国社会的演进虽然经历了经济带来的巨变，但是"异"中有"同"，"变"中见"常"，文化制度并未断裂，其中许多问题值得当代人尤其是一线历史教师深入思考。

这两次变革的历史意义重大，但在中学历史教学中围绕这两次变革的讲授却产生了一系列问题，比如这些知识距离当下太遥远，晦涩难懂；它们比较琐碎，难以寻求主线；教学实践中教师们重视春秋战国的历史变革，而忽视商周之际的嬗变；等等。如何把这些内容和当代历史教学的要求结合起来，培育历史学科思维，凸显中华优秀传统文化的合理性，成为教学中的重要话题。

一、关于夏商西周政治制度变革
——兼谈教学主线

　　中国古代政治制度的发展历程是政治制度史的重要构成部分,其中"夏商西周政治制度"部分在中学教学中较难处理。其中的原因不外乎两点:一是过于晦涩,距离现代社会太远。在中学教材中,这一部分往往放在前几课,学生接受起来的难度可想而知。二是这些早期国家内容与秦汉以后的政治面貌差别很大,家天下、封建诸侯、宗法礼乐等内容对后世影响深远,但表现出先秦史独有的特色。于是教学实践中往往这些内容浮光掠影,不仅淡化了历史感,而且不能有效突出中华优秀传统文化的合理性因素。我们知道,中国古代文明在先秦两汉就已经奠定了基础,尤其是创制一系列文化制度的西周王朝,对中国历史发展更是起着不可替代的作用。这些精神如果不能有效渗透在课堂上,就不大可能引领学生对中华文化产生认同,那么历史教育的作用就会大打折扣。如何能够把这些晦涩烦琐的内容表达得清晰生动,并讲出历史发展的深度,是一线历史教师的一项重要的教学任务。化学术资源为教学资源,成为其中的关键。

(一)"三代"制度的损益

夏商西周的政治制度,被学者们称为早期国家的政治制度,因为它们比秦汉以后的成熟国家的政治制度更具"原始性"。夏商周古称"三代",其制度之间的发展连续性很强,其脉络事实上比较清晰。孔子不仅是思想家、教育家,也是谙熟"三代"制度的博闻君子,我们完全可以利用孔子的话展开教学活动。《论语·为政》中孔子很明确地说:

> 殷因于夏礼,所损益,可知也;周因于殷礼,所损益,可知也。

商周时期的社会变革

孔子没有说唐尧虞舜，是因为夏商周"三代"是当时制度文化最主要的创制阶段。我们应当理解孔子这一段话的侧重点：他的目的是强调夏商周三代之间的传承关系。我们知道，中国历史在春秋战国时期发生生产力领域的飞跃，由此产生社会各个方面的巨变；夏商西周时期社会还比较稳定，并无经济发展带来大起大落的突变。《论语·卫灵公》中颜渊问孔子如何治国，孔子说"行夏之时，乘殷之辂，服周之冕，乐则韶舞"。夏商周三代乃至虞代（韶乐为尧舜禅让之乐）有着不同的时代特征，这样孔子才能取其所需，以夏之历法、殷之车辇、周之冠冕以及虞舜之韶乐为邦国政治建设的重要组成部分，足见以孔子为代表的学者，不仅了解历史渊源，而且能够对上古不同时期的文化各取所需[1]。而这里孔子讲的夏商西周"三代"的制度存在着"因"和"损益"关系，就肯定不是夸张之论。

---

[1] 身为殷人之后但出生且生活在鲁国的孔子，不仅目睹了鲁国的名物制度与典籍文献，而且对周公旦无比膜拜，对文献中"制礼作乐"的盛世怀有深切向往。《论语·述而》中孔子感慨"甚矣吾衰也，久矣吾不复梦见周公"，表明在很长一段时间内，孔子都把对周代文化制度建设做出了卓越贡献的周公旦当作其精神领袖。虽然"惟殷先人，有册有典"（《尚书·多士》），但周人不仅学习、继承殷人的传统，而且扬弃殷人传统的不足，建立了规模宏大的礼乐文化。

一、关于夏商西周政治制度变革

夏商西周的政治制度是如何因循损益的？这个问题已经构成这些内容的主线。不管这些内容是以聚拢在一起的形式出现，还是分散在各个角落之中，以"三代"文化制度因循损益的视角进行呈现，自然能体现出历史发展的深度。

"三代"文化制度发展的历史背景和秦汉以后很不一样，很重要的一方面是，"族"的因素在上古时期的国家政权中地位极其重要。铺陈出夏商西周时期的社会背景，是呈现夏商西周政治制度演进过程的前提。

摆在当时的形势是，"三代"早期国家并不是像后代那样地域广阔的领土国家，而是一个个星罗棋布的族邦，即大大小小的氏族部落，其规模很小。学者依据《逸周书·世俘解》中武王伐纣时灭国数字与杀戮俘获的人口数，统计出一个邦的人口数为4900人，远不能和一度达到数十万以上人口的古代雅典、科林斯、伊埃纳达相比[1]。

考古资料反映的商代方国的人口数，在2000人

---

[1] 沈长云：《古代中国政治组织的产生及其模式》，《上古史探研》，中华书局，2002年。

和 4000 人之间[1]。

在上古时代的中国，这些"族"并不是像马列经典中叙述的古代希腊、罗马、德意志那样，进入文明时代以后就被阶级所炸毁，而是很长的历史时期"族"都保存着顽强的生命力[2]。

这无疑成为"三代"社会面貌中最明显的特点。这样的状况不仅与古代西方的发展特点不一致，就是秦汉以后，族邦林立乃至"族"影响国家政权的历史现象都不多见。中国社会的演进有着自己独特的路径，血缘的因素和文明的因素不仅没有根本对立，反而文明的因素建立在数量庞大的"族"之上。早期国家政治制度的发展完善，势必与族邦密切相关。早期国家发展到成熟国家的过程，既是"三代"制度损益的过程，也是人们一步步从"族"的血缘纽带中走出，从血缘族邦向地域国家迈进的过程。

按照摩尔根的理论，随着人们生存技术的进步，人类势必从野蛮时代进入文明时代。这一时期，文字、

---

[1] 宋镇豪：《夏商人口初探》，《历史研究》1991 年第 4 期。
[2] 晁福林：《先秦社会形态研究》，北京师范大学出版社 2003 年版，第 92 页。

青铜器、宗教礼仪、国家机器、城市等一系列文明时代的历史现象出现。固然文明的标准众多,但人们一致认为国家的出现无疑标志着文明时代的来临。国家建立,有了王者和臣民,中央机构与地方组织,两个问题就不容回避:(1)最高统治权力如何传承才能确保统治秩序的稳定;(2)采取怎样的方式才能有效维系中央对地方的控制。这两个问题贯穿于夏商西周政治制度的始终。

1. 夏代政治制度

学者们认为夏代已经进入了文明时代,大禹通过治水建立了王者的权威。以上问题在迈入文明门槛的人物——大禹那里都有体现。就问题(1)而言,大禹采取怎样的方式确保王位传承的稳定?无疑是传子家天下。什么因素促成了禅让过渡到家天下的变化?沈长云先生指出:

> 由于这项工程的艰巨性和长期性……这就势必使原来松散而较为缺乏约束力的部族联盟机构发生权力逐渐集中的倾向,并使之凌驾于众氏族

部落之上,以至最终过渡到把各族邦沦为自己臣属的具有专制主义性质的国家权力机构[1]。

通过治水这样大规模公共工程的建设,夏部族获得了威信,原来禅让时代部落联盟首领的位置可在联盟范围内由众多族邦首领共同物色推举,而家天下后固定到某个氏族乃至某个家族之内,使掌控天下的权力作为一家之私。《史记·夏本纪》反映了儒家的立场,认为禹传子是因为"益之佐禹日浅,天下未洽",故而"诸侯皆去益而朝启","启遂即天子之位"。与之不同的是古本《竹书纪年》,它力主"舜囚尧于平阳","益干启位启杀之",不仅尧舜之间存在着血腥暴力,而且否定禅让的合理性,把禹的合法继承人益和启的斗争说成"干启位"。出土文献上博简《容成氏》补充了一些细节,看法也有不同,认为"禹有子五人,不以其子为后,见皋陶之贤也,而欲以为后。皋陶乃五让以天下之贤者,遂称疾不出而死。禹于是乎让益,启于是乎攻益自取",政变的责任不在益而在启。事实

---

[1] 沈长云:《古代中国政治组织的产生及其模式》,《上古史探研》,中华书局,2002年。

一、关于夏商西周政治制度变革

上一个事件有不同的侧面，尧舜禅让既有温情脉脉的一面，也有血腥纷争的一面，有学者把这种矛盾的现象形容成"原始社会末期艰难的'禅让'通过暴力才得以实现"[1]，这样的看法是恰如其分的。围绕这一故事儒家与法家各取所需，并针对具体情节予以放大，但有一点是明确的，即夏部落已经有手腕获取最高权力，且能够长期掌握这种权力并获得人们的认可。"禹爱益，而任天下于益，已而以启人为吏"（《韩非子·外储说右下》），则夏代统治者已经把本家族的势力引入各级权力机构[2]。

就问题（2）而言，夏代统治者采取怎样的方式维系中央对地方的支配？夏代的统治区域分为"内服"与"外服"两个部分，"服"内是夏的直接控制区（夏族自己的城邦国家），而"服"外是其他异姓方国。这样的划分是对商代的国家结构的倒推，是有道理的。邹衡先生认为，商代以前我国黄河与长江流域绝大部

---

[1] 李学勤主编：《中国古代文明与国家形成研究》，云南人民出版社，1997年，第318页。

[2] 沈长云：《古代中国政治组织的产生及其模式》，《上古史探研》，中华书局，2002年。

分地区的远古文化，虽然各具明显的地方特色，且绝对年代也参差不齐，但就其相对年代的顺序而言，都可以纳入以中原伊洛地区为中心的"仰韶期""过渡期""龙山期""二里头期"的发展轨范，而那些远离伊洛地区的远古文化，其地方色彩更浓厚，但其与中原地区的远古文化存在着直接或者间接的关系，也是不容否认的事实[1]。这样，中原伊洛地区，就是夏王朝的中心区域"内服"，"内服"之外就是异族区域"外服"。夏王朝通过武力与其他种种手段能够控制住局面，大禹时期已经形成了中央王朝的威信，来执玉帛的诸侯有万国之多（《左传》哀公七年），而且诛杀了迟至的防风氏（《国语·鲁语下》）。比如学者们重视的二里头文化中，青铜器、玉器、漆器等礼器，作为王权的象征和颁给诸侯的信物，往往成为联系宗主和诸侯的纽带；这些礼器制作的水平，也可以说是王国强大与否的标志[2]。虽然我们对夏代历史知之甚少，但夏

---

[1] 邹衡：《试论夏文化》，《夏商周考古学论文集》，文物出版社，1980年，第101页。
[2] 张鸣：《中国政治制度史导论》，中国人民大学出版社，2004年，第19页。

王朝采取了内外"服"的制度巩固统治,背后则是武力征服与拉拢,这是没有问题的。夏王朝无疑建立了凌驾于众多族邦之上的早期国家,其基于族邦的原始性也非常强。

2. 商代政治制度

夏商之间经历怎样的变革,今天我们很难知晓,但上述的制度在商代也大体如此。王国维先生的《殷周制度论》指出,"夏、商皆居东土,周独起于西方,故夏、商二代文化略同",商代的制度与夏代相比一致性较多,源于夏商两代都建立在族邦林立的格局之上。相传商汤时有三千余国(《吕氏春秋·用民》),专家依据甲骨卜辞统计,商代确指的氏族至少有二百个[1]。在这样的历史条件下,仍是要解决上述(1)(2)问题,商统治者的政治实践就是在夏代制度基础上因循损益。

首先,商代因循了王位世袭制。依据商世系表,商代前一段以兄终弟及为主,无弟然后传子;后一段

---

[1] 丁山:《甲骨文所见氏族及其制度》,科学出版社,1956年,第33页。

实行父死子继。为什么会有这样的转变？其中原因史书交代很少，耐人寻味。王国维说："特如传弟既尽之后，则嗣立者当为兄之子与？弟之子与？"兄弟这一辈死尽了王位给谁？以情理言，自当立兄之子；以事实言，则所立者往往为弟之子。文献中商王仲丁以后"九世之乱"，应与此密切相关（王国维《殷周制度论》）。为了避免这样的惨剧，商人也做了种种调整。其趋势是，从兄终弟及向父死子继过渡，并且从继承权在商族内部众多家族之间传承，向继承权固定在一个直系家族内过渡。这与周代宗法制的发生距离越来越近。

其次，商代沿袭了内外"服"的制度。周人对此说得非常明确，《尚书·酒诰》中，周公旦追述商朝制度说："越在外服：侯、甸、男、卫邦伯；越在内服：百僚、庶尹、惟亚、惟服、宗工，越百姓里居（君）。"西周早期的《大盂鼎》铭文中周王说："我闻殷坠命，隹殷边侯甸，越殷正百辟，率肆于酒，故丧师。"从这些西周人对商代制度的表述中能够看出，商代统治者将领土分成了内外"服"。"内服"即王畿，为商王直接统治的地区（包括各种中央官员）；"外服"则是附

一、关于夏商西周政治制度变革

属方国管辖的地区（包括各种方国首领）。"外服"各个方国实是土著部落的族邦，仅被商王朝在名义上予以认可。他们与商人不存在血缘亲属关系，只是慑服于商王的政治军事威力而臣服，又因为商族势力的衰落而叛变[1]。王国维先生的《殷周制度论》指出"殷之诸侯皆异姓"故不推行分封，可谓切中肯綮。商为众邦之中最强者，凌驾于众邦之上，为了巩固统治秩序不得不采取这种方国联盟的策略。

商周的社会结构并不能拿后世来比附，王畿—诸侯—四夷的环状分布并不符合商周的实际情形。商王朝在王畿之外，四方散布着受商王室支配、受商文化影响的诸侯方国，它们充当着商王室在四方统治的据点；在据点与据点之间有着它们的附属国族以及敌对国族。可以说商人势力与敌对势力犬牙交错，形势复杂，并不是一个理想的围绕王畿的环状分布。武王伐纣前，"诸侯不期而会盟津者八百诸侯"（《史记·周本纪》）；克商后周人"憨国九十有九"，"服国六百五十有二"（《逸周书·世俘解》）。在以血缘纽带为主的商

---

[1] 沈长云：《论殷周之际的社会变革》，《上古史探研》，中华书局，2002年。

代社会中，对异族靠文治往往不能取得好的收效，武力维护成为最必要的方式，即便是对服从自己的部族也如此。内外服的政治结构与方国联盟密切相关。伊尹所在的有莘氏部落就清晰地反映了这一点。《楚辞·天问》云："成汤东巡，有莘爰极。何乞彼小臣，而吉妃是得？水滨之木，得彼小子。夫何恶之，媵有莘之妇？"王逸注云："汤东巡狩，至有莘国，以为婚姻。"该句意谓成汤在东方巡狩时娶有莘氏之女，于是有莘氏派遣小臣伊尹作为媵臣到商部族结盟。有莘氏又作有侁氏，在夏商两代活跃于今河南开封陈留一带，这一带到春秋时仍被称作"有莘之墟"（《左传》僖公二十八年）。此事又见于《吕氏春秋·本味》："（伊尹）长而贤。汤闻伊尹，使人请之有侁氏，有侁氏不可。伊尹亦欲归汤，汤于是请取妇为婚。有侁氏喜，以伊尹媵女。……汤得伊尹，祓之于庙，爝以爟火，衅以牺猳。明日，设朝而见之。"从这个记载中，可知商部族亟须吸收其他方国的人才来壮大自己，其他方国也希求以政治联姻的方式拉拢势力较强的商部族。足见商汤东巡的根本目的，就在于借助政治联姻得到伊尹的辅助，巩固商部族与有莘氏的联盟关系。史载

一、关于夏商西周政治制度变革

伊尹辅弼商汤灭夏,并曾经放逐太甲(见《竹书纪年》《史记·殷本纪》等),在殷墟卜辞中与商先王一样享受着后代的隆重祭祀(《甲骨文合集》27057、27655、32103、33273等)。卜辞中的"先"地,属于殷商的王畿范围,应就是有莘氏故地,可从;则卜辞中的"亚先""先伯""妇先"等称谓,当是有莘氏族人到商王内服任于嫁作商王之妇者[1]。这些说明有莘氏长期以来都是商王朝依赖的重要力量。方国联盟与神权是商王维系秩序的两个重要支柱,是当时商代政治结构的核心。

最后,商代重鬼神的色彩非常明显。司马迁在《史记·高祖本纪》中指出:

> 夏之政忠。忠之敝,小人以野,故殷人承之以敬。敬之敝,小人以鬼,故周人承之以文。文之敝,小人以僿,故救僿莫若以忠。三王之道若循环,终而复始。

---

[1] 晁福林:《先秦社会形态研究》,北京师范大学出版社,2003年,第294—296页。

商周时期的社会变革

"夏之政"的特点是"忠"(忠厚质朴),但"忠"的弊端是"小人以野"(粗野少礼),故"殷人承之以敬"(敬祀天地祖先)。《礼记·表记》也说"殷人尊神,率民以事神,先鬼而后礼"。考古资料表明,甲骨占卜可以上溯到龙山时期,夏时期不乏甲骨的整治情况,但与商代甲骨上的整治处理以及凿钻灼相比,显得原始得多[1]。也有学者认为,夏人的时代主旋律是"忠",这可能和上古时期的巫术有关:在人类的早期,巫术包含着科学,但也杂糅着荒谬(这即司马迁所说的"野")[2]。商人纠正了夏人的"野",把大量的精力乃至生命放置在超自然的神灵世界中,"敬"成为商代的主旋律,他们形成尊神重鬼的殷商文化。卜辞之事项无大小,皆决断于神意;尊神重鬼的殷商文化,是人类

---

[1] 王宇信、杨升南主编:《甲骨学一百年》,社会科学文献出版社,1999年。

[2] 赵世超:《巫术的盛衰与西汉文化》,《瓦缶集》,人民出版社,2003年。赵世超先生的观点受弗雷泽《金枝》的启发。弗雷泽认为,巫术和宗教固然都是有神论,但是区别在于巫术认为左右世界的是冥冥中的规律,而宗教认为左右世界的是神。这可能是"夏之政忠"与"殷之政敬"的区别。

一、关于夏商西周政治制度变革

尚不能把握自己命运、对自身能力缺乏信心的表现[1]。这造成大量人力物力乃至生命耗费在虚妄的鬼神世界中，使得殷商社会内耗严重，埋下商王朝衰落的巨大隐患。像人牲、人殉制度到了殷商时期最为鼎盛，考古发掘的商代墓葬中少则殉一二人，多则二三百人。根据胡厚宣《中国奴隶社会的人殉和人祭》一文的统计，已发掘的商代墓中，共殉四千余人；商王祭祀所用人牲的来源以商族仇敌羌人最多，在甲骨卜辞中以武丁时期人牲的数量最突出，祭祀的次数也最为频繁[2]。《墨子·节葬》中称："天子杀殉，众者数十，寡者数人；将军、大夫杀殉，众者数十，寡者数人。"墨子是战国初期宋国人，系殷商之后，对这样的现象是不陌生的；当时机成熟，人们势必从鬼神世界中走出，墨子就对这样的现象予以抨击。从政治背景的角度来说，为什么商统治者如此重视鬼神？一度学者以统治者的愚民政策来解释商人尚鬼的现象，但是愚民不能自愚，而统治者也一丝不苟地卷入神灵信仰之中，这

---

[1] 张岱年、方克立主编：《中国文化概论》，北京师范大学出版社，1994年，第81页。

[2] 胡厚宣：《中国奴隶社会的人殉和人祭》，《文物》1974年第8期。

就远不是统治者在愚民政策下装腔作势所能解释清的。在严峻的异族林立的政治压力下，为了使本族的势力更有渗透性，本族的文化更有辐射力，神意是不得不采取的便捷的方式；鬼神世界过于强大，虽然令人间充斥着宿命，但也是统治者一系列行为合理性的终极辩护。《尚书·西伯戡黎》载商末周文王灭黎国之后，祖伊规劝纣王，纣王回答祖伊的是"我生不有命在天"，说明宗教观念是商人信念的最大支撑。

随着夏商数百年来各部族之间的文化交流与融合，商代沿袭了夏代王位世袭法则以及内外"服"制度，此应属于孔子所说的"因"；商人神本文化，是商王朝迥异于历史上其他王朝的不同之处，此应属于孔子所说的"益"。

3. 西周政治制度

周朝立国之初也沿袭了商代族邦林立的格局。但是三监之乱过后，周公、成王等最高统治者痛定思痛，决心消除族邦林立、盘根错节的隐患，对商代旧有的制度进行了大刀阔斧的整饬革新。针对前文所述的（1）（2）问题，周统治者采取的措施同样是因循损益。

一、关于夏商西周政治制度变革

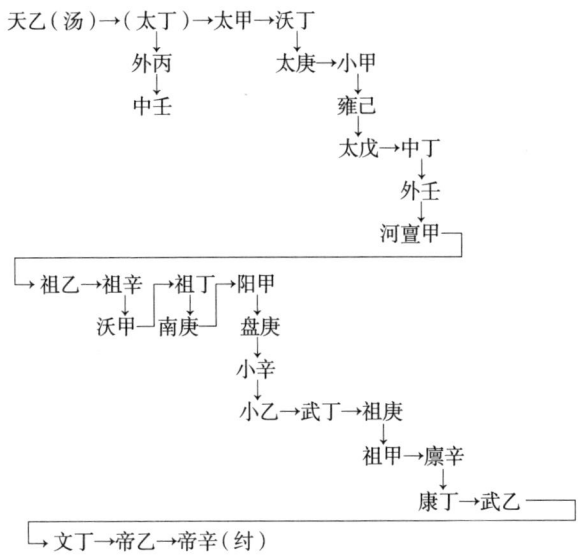

图 1　商周世系表

第一，西周初年推行了严格的宗法制度，确立了以嫡长子继承为核心的严格继承法则。观察商、西周两代的世系表，它们的区别非常明显：商代世系表曲折而西周世系表平直。之所以如此是因为商代兄终弟及并父死子继,西周不仅是父死子继而且推行的是严格的嫡长子继承制度(周孝王除外,史书阙如)。推行宗法,既是吸取了商代社会兄终弟及带来的"九世之乱"的历史教训,也是经历了对管叔、蔡叔觊觎王位、勾结商族残余势力反叛作乱的深刻反思;宗法的目的,是解决贵族继承权的纷争。《尚书》《逸周书》《史记·周本纪》等文献记载,周武王临终前曾经鉴于严峻的政治形势,意欲让周公兄终弟及,但周公并未继位而是成王登基,自己辅政,最后归政成王。这一系列事件说明周人顺应了父死子继取代兄终弟及的趋势,消除了王位游离于众多家族所带来的隐患。这不能不说是对后代潜在的权力争夺的清晰认识。

第二,与宗法相辅相成的是封邦建国的分封制。在三监之乱以后,周人彻底对商代的政治制度进行了革新。西周人为什么改变内外"服"而推行分封制?这是因为周人为内外"服"制度付出了惨痛的代价。周初社稷不稳,不仅殷顽民蠢蠢欲动,而且周代从殷代那里接过来的,是数量众多的与周人不同血统的族邦。周人坚信"异姓则异德,异德则异类"(《国语·晋语四》)、"非我族类,其心必异"(《左传》成公四年),

一、关于夏商西周政治制度变革

异姓的部族无疑就是异己分子。周武王去世,发生了周人与殷民勾结的大叛变"三监之乱",故周公、成王不得不进行大规模的封邦建国,以防止殷民再起叛乱。沈长云先生指出:

> 商代的征伐,只不过迫使叛逆者屈服,尚未有把被征服地区的土地人口授予自己的亲戚子弟统治的史实;而周人的各封国却造成了前所未有的不同族人混居在一起的现象[1]。

这样,分封的实质就不难理解了,商代的众多方国,大部分是由与商王不存在血缘关系的异姓土著方国的首领统领,他们各自生活在旧有的血缘纽带中,这些方国不是经由商王的封建而成立。西周初期推行大封建,是以周王授民授土的形式,由姬姓以及功臣建立的周人统治异族的新国家。人们熟知的《左传》定公四年鲁、卫、晋分封的材料就很能说明问题:"分鲁公以大路、大旂、夏后氏之璜、封父之繁弱、殷民

---

[1] 沈长云:《论殷周之际的社会变革》,《上古史探研》,中华书局,2002年。

六族：条氏、徐氏、萧氏、索氏、长勺氏、尾勺氏"，"分康叔以大路、少帛、綪茷、旃旌、大吕、殷民七族：陶氏、施氏、繁氏、锜氏、樊氏、饥氏、终葵氏"，"分唐叔以大路、密须之鼓、阙巩、沽洗、怀姓九宗，职官五正"。这是把旧有的部落从他们原来的聚居地迁徙到新封的鲁、卫、晋三国。在"封建亲戚"建立的国家里，鲁、卫、晋这些姬姓封国势力最为强大，不但在名义上受周天子支配，形成天下宗周的局面，而且在实际上也较多地听从周王的调遣，并承担各种义务和责任。诸侯与周王之间是臣属与君主的关系，从而使王权大大强化。虽然各族之间仍是各自聚居，但是一国之内则是各族混居，以血缘为标志的"族国"不再存在（或者不居于主导），这样就形成了各氏族部落杂居融合的局面。周人封国的姬姓、姜姓等族类，是高踞在当地土著部落之上的新成分，居于封建结构的上层。旧有的血缘障碍在周人封国的压力下逐渐消融，新的王朝内部出现了地缘的因素。这样就在辽阔的空间中，周人用自己的血缘与政治纽带，代替了原有的异族血缘纽带，使得殷人与其他部族不能盘根错节。据日本学者伊藤道治的研究，西周的封国分布在

一、关于夏商西周政治制度变革

渭水、汾水、洛阳开封南阳三角区、成周近畿、鲁南苏北、豫南鄂北、鄂南湘赣七个地带[1]。"封建亲戚"的主要国家,大体就在黄河中下游的农耕文明区,其中鲁、卫、晋、燕这些姬姓封国势力最为强大,地处要冲,足以决定大局。分封形成了对周王室众星捧月的格局,无疑也是空前的现象。

既然这里说众星捧月,那么它与秦汉时代的大帝国有什么不同?因为诸侯拥有独立性(再分封、征派赋役、任免官吏、控制军队等),所以西周的集权程度不能和秦以后的帝国同日而语。但这是跨出族邦的重要一步,在新的封国内部,不同血缘的人群相互交融,消除了旧有的血缘壁垒,导致新的地缘因素诞生。所以专家把分封看作春秋战国以后出现的领土国家,以及这些国家出现的郡县制划分的先声[2],是完全有理由的。在异族出没的原始丛林的险恶环境中,周人撒下大网试图控制广袤的区域,除了求助于自己的亲戚

---

[1] 〔日〕伊藤道治:《中国古代王朝的形成》,中华书局,2002年,第147页。
[2] 沈长云:《论殷周之际的社会变革》,《上古史探研》,中华书局,2002年。

子侄,恐别无他途(既没有后世那样政令上传下达、畅通无阻的国家机器,也没有大批值得信赖的官僚队伍)。分封的亲戚子侄构成了周人的"兄弟之国"与"甥舅之国",它们就是周王朝在地方的代言人、周王室命令的执行者,分封制度也就是在当时条件下加强中央权力的最佳手段。分封制与宗法制关系紧密,有人说是"家国同构",也有人说是"互为表里",但这说的是鲁、晋、卫等封建大国中的情况(像秦国、楚国也受封,但是身份特殊,就找不到太多宗法的因素)。分封制就国而言(国家结构),宗法制就家而言(社会组织),两者水乳交融。

第三,周人采取了礼乐制度来强化社会秩序,迥异于商代浓重的宗教氛围。周人为什么重礼乐而非鬼神?周人目睹了商代神权政治重鬼神轻人事的弊端,指出天命须和民情民意保持一致,所以统治者必须重德保民。这一切行为制度化之后就是礼。礼远不只是仪节,而是各种事物规律与社会规范的集合。"夫礼,所以整民也。"(《左传》庄公二十三年)"夫礼,天之经也。地之义也,民之行也。"(《左传》昭公二十五年)而"乐"是颂扬"礼"的途径,所谓"乐由中出,礼自

一、关于夏商西周政治制度变革

外作"即此。司马迁说"博采风俗，协比声律，以补短移化，助流政教","凡音者，生人心者也。情动于中，故形于声，声成文谓之音。是故治世之音安以乐，其正和；乱世之音怨以怒，其正乖；亡国之音哀以思，其民困"。(《史记·乐书》)相当长一个时期内，我们把礼乐文明理解为维护奴隶主贵族统治的等级制度——万物有差等，故此礼有差等，乐亦如之——并以周代的鼎簋制度、编钟制度来说明问题。这样的诠释不可谓不对，但是过于狭隘，毕竟等级性只是礼乐文明的一个侧面。礼乐文明在中国传统社会中之所以地位重要，真正的原因在于礼能够带来社会秩序，而乐能够以礼教化人心，它们体现了传统文化的永恒价值。

相比商代的鬼神世界，周代礼乐制度的意义何在？王国维在《殷周制度论》中说：

> 殷周间之大变革……自其里言之，则旧制度废而新制度兴，旧文化废而新文化兴。周人制度之大异于商者，一曰立子立嫡之制，由是而生宗法及丧服之制，并由是而有封建子弟之制，君天

下臣诸侯之制。二曰庙数之制。三曰同姓不婚之制。此数者皆周之所以纲纪天下，其旨则在纳上下于道德，而合天子诸侯卿大夫士庶民以成一道德之团体。故知周之制度典礼，实皆为道德而设。……周之制度典礼乃道德之器械，而尊尊、亲亲、贤贤、男女有别四者之结体也。

不难意识到，这样的上层建筑直面社会人生，维护等级与道德秩序，是对神权政治的否定。在制礼作乐以后，社会从鬼神世界中走出的时机已经成熟。尚"文"（人创制的文化制度）之风是周人的时代主旋律，周人把商代的鬼神之风边缘化，主张敬德保民，"天道远，人道迩"，并且缔造出一系列制度与文化，使得人的力量日益焕发光彩。当春秋战国时期社会质变发生时，周人的"文"也产生涤荡，以孔子为代表的儒家学者从周代礼乐文明中走来，把学术思想从官府传播到民间，使它们成为中华文化的重要构成部分，以及后代文化挥之不去的渊源。

周代这些措施，一方面因循了夏商以来的王位世袭制（"因"），在此基础上摒弃了兄终弟及，即王位在

一、关于夏商西周政治制度变革

商族内部非直系家族传承的可能("损"),规定嫡长子继承,形成宗法("益");另一方面摒弃了夏商时期的内外"服"制度("损"),广泛推行封建亲戚的分封制("益")。此外,摒弃了商代浓厚的鬼神迷信("损"),推行等级森严、重德保民的礼乐制度("益")。

孔子感叹"周监于二代,郁郁乎文哉"(《论语·八佾》),"文"即是在夏商两代基础上因循损益的制度成果。王国维《殷周制度论》一针见血地阐明:"由是(周)天子之尊,非复诸侯之长而为诸侯之君","诸侯之长"为夏商之王,"诸侯之君"为周王。应该说"诸侯之君"的地位与"三代"制度的因循损益密不可分。"三代"制度的演变,如表1:

表1 夏商周三代制度的因循损益

夏	商	周
王位世袭制	王位世袭制("因")	王位世袭制("因")~~兄终弟及~~("损")宗法制("益")
内外"服"制	内外"服"制("因")	~~内外"服"制~~("损")分封制("益")
—	商人尚鬼("益")	~~商人尚鬼~~("损")礼乐制("益")

商周时期的社会变革

（二）难点剖析

这一课的若干生涩概念，围绕着以上的主线，需要作以分析。

1. 关于早期国家

夏商西周"三代"被学者们囊括在文明社会的范畴，但是这一时期的历史面貌与秦汉时代大一统帝国迥异，所以被专家命名为早期国家，从而区别于战国以后建立在郡县制基础上的成熟国家。早期国家在教学中经常被总结为若干特点：王位世袭，以血缘纽带为主，王权与神权结合，没有明显的君主专制与中央集权，君主与贵族联合执政，等等。这些特点的核心是血缘纽带——族邦的林立。人们生活在以血缘关系为纽带的各种"族"的网络中；血缘组织与政治组织的架构相互支持，并融为一体；中国早期国家并没有取代族邦，而是建立在族邦的基础上；标志着成熟国家的地域组织并没有建立，或者仅是在早期国家的后期

一、关于夏商西周政治制度变革

有些萌芽[1]。族邦是人们在险恶的自然环境与社会环境下不约而同走到一起的方式，族邦手中掌握着武装力量、行政机器、物质资源以及宗教思想。在此基础上，自然不可能有垂直管理地方的中央集权，因为血缘渗透在社会的每个角落，贵族当然能够与君主分庭抗礼，因为其独立性很大，于是也就不可能有定于一尊的专制君主存在。三代制度的演变，就是从族邦这一母体中诞生，并逐渐脱离这一母体的过程。

2. 关于"服"

内"服"是中原王朝直接控制区，外"服"是其他异姓方国，不赘述。夏商两代就是建立在众多外"服"方国基础上的中原王朝，即使这两代对这些方国族邦给予"侯""伯"的分封任命，也不过是名义上的认可，故这两代君王不过是"诸侯之长"而已。周人最初采取的办法，也是沿袭了内外"服"制度，柳宗元《封建论》说"归周者八百（诸侯）焉，资以胜殷，武王不得而易。徇之以为安，仍之以为俗"，这都是不得已为之。

---

[1] 沈长云：《论殷周之际的社会变革》，《上古史探研》，中华书局，2002年。

但是由于周初殷民的大叛乱，周人才改变这一因循的策略，采取封建制度。

《尚书·酒诰》诸文献说的内外"服"比较好理解，但是文献中还有"五服""九服"之说，就非常混乱。《国语·周语》记载，周穆王时祭公谋父曾经提到过周代的"五服"之制："夫先王之制，邦内甸服，邦外侯服，侯、卫宾服，夷、蛮要服，戎、狄荒服。……日祭、月祀、时享、岁贡、终王，先王之训也。有不祭则修意，有不祀则修言，有不享则修文，有不贡则修名，有不王则修德，序成而有不至则修刑。于是乎有刑不祭，伐不祀，征不享，让不贡，告不王。于是乎有刑罚之辟，有攻伐之兵，有征讨之备，有威让之令，有文告之辞。布令陈辞而又不至，则增修于德而无勤民于远，是以近无不听，远无不服。"祭公谋父规劝征伐犬戎的周穆王，指出先王的制度以王畿为中心，按相等远近作正方形或圆形边界，依次划分区域为甸服、侯服、宾服（《汉书》作绥服）、要服、荒服。这"五服"呈现出对周王室的亲疏关系，他们对周王室的贡纳义务也是不同的：祭祖父、父亲的祭品一日一次，由甸服承担；祭高祖、曾祖的祭品一月一次，由侯服承担；

一、关于夏商西周政治制度变革

祭远祖的祭品一季一次,由宾服承担;祭神的祭品一年一次,由要服承担;朝见天子一生一次,由荒服承担。这是先王的遗训,如果诸侯有不承担义务的,就受到不同的处罚;周天子也修德,落实怀柔远人的政策。祭公谋父还指出犬戎属于荒服,首领大毕、伯士一去世,新即位的犬戎首领即朝贡,并无过失。祭公谋父眼中的"五服",在《尚书·禹贡》中说得更具体:"五百里甸服:百里赋纳总,二百里纳铚,三百里纳秸服,四百里粟,五百里米。五百里侯服:百里采,二百里男邦,三百里诸侯。五百里绥服:三百里揆文教,二百里奋武卫。五百里要服:三百里夷,二百里蔡。五百里荒服:三百里蛮,二百里流。"从畿服到蛮夷的管理制度整齐有序,体现了中国古人的天下观。《周礼·夏官·职方氏》更衍生出"九服"的理论:"乃辨九服之邦国:方千里曰王畿,其外方五百里曰侯服,又其外方五百里曰甸服,又其外方五百里曰男服,又其外方五百里曰采服,又其外方五百里曰卫服,又其外方五百里曰蛮服,又其外方五百里曰夷服,又其外方五百里曰镇服,又其外方五百里曰藩服。"《周礼》"九服"的说法应是捏合"五服"而成(《周礼》应与战国时

期齐国学者有密切关系,他们为统一的世界提供政治蓝图)。对"五服",顾颉刚先生的说法中肯:

> 这个五服之说,我们一看就知道它只是假想的纸上文章,世界上哪有这样方方整整的区划!而且这个区划跟界线不规则的九州比较,就显出了很大的冲突。照九州说来讲,作者所设想的王都在冀州,所以各州的贡道都直接间接地达到黄河,然而冀州在九州里却是处于北部的一个州,和五服说把王都放在中心的绝对不同。两种说法画成了地图套不上去。

不过,顾先生也指出了"五服"之说内在的合理性:

> 五服说不是一个假想的制度,是古代实际存在的……那时所谓夷、蛮、戎、狄诸少数民族都是和诸夏杂居的,而甸服里也分诸侯,所以这里所谓服只是部分或类别的意思,不是分疆画界的意思。

一、关于夏商西周政治制度变革

这样看,"五服"在西周时期实行过,一直延续到郡县时代。后来顾颉刚先生明确把周代某些封国纳入"五服"的范围,比如:虢、毕、祭、郑皆畿内封国,是甸服;齐、鲁、卫、燕受封于王,而国在王畿之外,是侯服;杞、宋、陈皆先代遗裔,是宾服也;郯、莒、徐、楚者,系中原旧国,但非夏商的王族与周人的姻亲,于是鄙为蛮夷,是要服也;至于山戎、赤狄、群蛮、百濮之伦,来去飘忽无常,异于要服诸国之易于羁縻,唯有听其自然,斯为荒服。顾先生归纳说:

> 合王畿、侯国与力所未及之区域而言之,以远近为次第,凡分五部,皆命之曰服。其曰甸服者,即《商颂》之邦畿;侯服,诸侯也,王所封殖以自卫者。宾服,前代王族之有国者,以客礼待之,蕲其能贴服于新职权,转而为今王之屏藩也。更别夷蛮、戎狄为要与荒。夷蛮者,虽非前代王族,而久居中原,其文化程度已高,特与新王室之关系较疏,故不使跻于华夏之列;然犹服我约束,故谓之要服;要者,约也。戎狄者,未受中原文化陶冶之外族,故谓之荒服;荒,犹远也。斯盖

就当时形势加以理想化，作更精密之分析与更整齐之规划，而试定此五种称谓，原非事实上确有此等严整之界线。[1]

这样的看法是非常中肯的。周人推行分封制度，"兄弟之国""甥舅之国"一定有远近之别，于是出现了甸服和侯服乃至宾服的区别，但是除周人亲戚的封国之外，同样有蛮夷戎狄等异族，按照接受华夏文化的程度分就存在差别，于是有了要服和荒服的区别。这样的划分符合情理。顾颉刚先生《畿服》一文也提及了"三服"的划分，《史记·秦始皇本纪》记诸臣议帝号时说："昔者五帝地方千里，其外侯服、夷服诸侯或朝或否，天子不能制。"顾颉刚先生把"地方千里"者对应甸服，把周人封建在远方的亲戚封国对应侯服，把要服对应"夷服"，推论"三服"制或许比《禹贡》的"五服"制更早，可以追溯到五帝时代。这样的考虑符合上古时期的情理，直到秦一统天下，"服"的划分才

---

[1] 侯仁之主编：《禹贡注释》，《中国古代地理名著选读》第1辑，科学出版社，1959年。顾颉刚：《畿服》，《史林杂识初编》，中华书局，1963年。

消融在郡县制度之中（即便到明清时期，还有土司制度与宗藩制度，中央政权还在对它们实行怀柔远人的政策）。从这样的梳理中，我们能够发现内外"服"是在早期国家初始阶段，中央王朝不得已采取的国家结构，郡县制度是成熟国家采取的国家结构，而分封制的国家结构正处在早期国家向成熟国家演进的中间环节。我们在教学中应当具备这样的长时段知识，尤其要突出周人分封对"服"的改变这一环节，这样才可能把古代制度的合理性讲透。

3. 封建制度

这里的封建，是封建二字的本义，即封邦建国（而封建社会的封建指的是一种社会形态）。古文字中的"封""邦"为一字，即为土田之间的树木界标。封建的本质，即用周人自己的血缘与政治纽带，取代旧有的异族血缘纽带，使得封国内异族势力无法盘根错节。西周的国家是城邦式国家，而不是地域式国家，通过控制若干"点"实现对"面"的有效控制。这样的制度，并不是西周代代皆推行。西周除了早期的成、康、昭王时代以外，晚期的宣王时代也有少量的新封国（比如郑国）出现，但是数量不能与周初所封的封国等量齐观，周初稳定政局的目的一旦达到，就没有必要再大规模分封（在不分封的情况下，周王的庶子留在王朝当卿大夫，这在《春秋》经传等文献中不乏记载），因而有的学者索性称"周初大封建"。专家认为："周室封建事业大成于成康，则说明所谓封建亲戚，以藩屏周室，属于周初建国工作的一部分，并不是在后世仍推广进行的常制。周人与姜族的封君中，大部分在成康之世已经建国了。"[1]

4. 宗法制度

宗法是宗族之法，属于按血统、嫡庶来组织、统治社会的法则。宗法制度的核心是嫡长子继承。宗法制度诞生于什么时间段，学界有着非常激烈的讨论，见仁见智。一般认为在商后期已经出现父死子继，明确的嫡长子继承出现应是西周开国以后，这样的看法较为客观。这一套制度形成了大小宗的嫡庶之别，不仅稳定了统治集团内部的秩序，也同样以同姓血缘保

---

[1] 许倬云：《西周史》增补本，生活·读书·新知三联书店，2001年，第148页。

一、关于夏商西周政治制度变革

证了嫡庶之间、周王与诸侯之间相当长一个时期内的紧密联系，这种同宗的联系在后代虽然逐渐疏远，但在当时却是无法替代的。汉代刘邦推行的郡国并行制同样看到了这一层意思[1]。

5. 殷周社会变革

王国维先生《殷周制度论》认为，中国政治文化的变革莫大于殷周之际。此论基于文献记载，周人推

---

[1] 汉初刘邦出于权宜之计分封了一系列要冲地带的异姓诸侯，但他们纷纷叛乱，刘邦最终把他们逐一剪灭，立白马之盟大封同姓。从分封异姓诸侯到分封同姓诸侯的嬗变，也说明以刘邦为代表的刘姓宗亲逐渐能够成功驾驭地方秩序，这较之秦楚之际的政治乱局而言也明显进了一步。值得注意的是，虽然汉初实行封建制在名义上是仿照周代遗意，但在实质上有很大的区别：西周的封建是层层分封，而汉代封建只有一层分封，诸侯王国以下依然是郡县制，每个王国领有三四郡、五六郡不等，所以《隋书·地理志》说"汉高祖……矫秦县之失策，封建王侯，并跨州连邑，有逾古典，而郡县之制，无改于秦"，是一点也不错的。从中能够看出，即便刘邦分封同姓，也非错误吸取历史教训或者意气用事，而是仔细考察当时情势、吸收郡县制合理因素的趋利避害之举。汉景帝采用"削藩"的手段，直接夺取王国所属的支郡，虽然引发了吴楚七国之乱，但朝廷得以在三个月内平叛，一个重要的原因，就是郡国并行制中"郡县之制，无改于秦"。见周振鹤《体国经野之道——中国行政区划沿革》，上海书店出版社，2009年，第9—10页。这不能不说是看到了周代分封制度能够加强中央权力的优势，试图摒弃宗法关系淡化带来的离心力的举措。

行宗法分封和礼乐制度，周天子不再是"诸侯之长"而是"诸侯之君"，使得中国社会发生了前所未有的变化。《殷周制度论》一文一出，便引发了学术界的巨大争论。不少学者认为商代甲骨文中已然有宗法分封以及殷礼的痕迹，但持否定意见的学者认为商代的分封更大程度是认同异姓族邦，宗法也不似西周那样有明确的嫡长子继承的证据。也有学者认为商周社会变革的异大于同或同大于异，是针对不同角度而言，即"自其变者而观之，则天地曾不能以一瞬；自其不变者而观之，则物与我皆无尽也"。还有意见认为三代并没有生产力的飞跃，但这次变革是春秋战国社会变革的前奏。在教学中渗透这个问题，能起到深化主线的作用。

（三）寻求主线

将这一部分内容讲出历史深度，老师须要把握好历史背景（制度的创生、扬弃与因袭都是因为社会需求，早期国家的环境引发了三代制度的演化），厘清若干复杂的历史概念（把握住概念的来龙去脉和前后

一、关于夏商西周政治制度变革

联系,比如分封制与内外"服"的比较,兄终弟及与嫡长子继承的比较),除此以外,还应当拥有被历史教育工作者形容成教学立意一部分的主线意识。

教学立意对于一节历史课非常重要。关于历史课的教学立意,聂幼犁先生精当地指出,过去有"一堂课一个中心"或"一条主线"之说,现在也有"一个灵魂"或"一条脉络"的说法,这都是从教学内容之间的逻辑关系或灵性上来比喻,实质是强调学生在课堂上应获得不仅能贯通该课,而且能贯通此前和以后学习的核心概念[1]。它需要老师在借鉴史学成果,深入把握相关史实的纵横、前后联系的基础上,结合课程目标来确立[2],并且它糅合了教学目标与教学主线,是一种以史学研究成果为依托的观点、主张或视角[3]。教学立意事关一个老师的史学素养与教学能力,它不仅是一节课结构系统化的保证,更是历史老师情怀、知识结构与人生境界的折射。

---

[1] 聂幼犁、於以传:《中学历史课堂教学育人价值的理解与评价——立意、目标、逻辑、方法和策略》,《历史教学》2011年第13期。

[2] 王德民、赵玉洁:《说课的凝意与升华》,《历史教学》2013年第2期。

[3] 侯桂红:《试论历史教学立意的概念、确定方法和评价标准》,《历史教学》2015年第7期。

但是教学立意大象无形，它并不能立竿见影，更做不到整齐划一，所以探索一节课的教学立意并不容易。有的老师概括成"唯有道者得之"，也从一个侧面说明这一过程的艰难。一般历史老师习惯用某个相关的人物来串联历史现象，比如用李鸿章串联洋务运动；或是用某个文献当作线索来带出众多事件，比如用老红军的日记来串联长征。不少优秀课例通过以上两种方式找到了教学立意，但问题在于：一是历史课的内容包罗万象，政治、经济、文化、社会各个门类无所不有，不同内容之间的差别极大，在历史现象中寻求与之相关的某个历史人物或文献是很有难度的，于是就有老师杜撰线索，比如杜撰出参加雅典公民大会、目睹陶片放逐法的某个人，但这个人并不存在，这样就违背了史料实证的精神。二是历史课的教学立意固然建立在内容线索的基础上，但它是一种观点、主张、视角，有历史老师的情怀、知识结构、人生境界在内；以某个历史人物、某个文献作为线索可以，但要作为教学立意就有可能勉为其难：这样的历史人物或者著作需要在当时的历史背景中有足够的代表性，叱咤风云的李鸿章能代表洋务运动，九死一生的红军战士能

一、关于夏商西周政治制度变革

代表长征,老师能在他们身上寄托情怀,但同时期的其他人就未必具备这样的特点。这样看,从人物或著作中寻求教学立意仍有局限。

事实上,历史课的教学立意可以抓住时空观念另辟蹊径。2017年版《普通高中历史课程标准》(以下简称《新课标》)将时空观念概括为"在特定的时间联系和空间联系中对事物进行观察、分析的意识和思维方式",指出"任何历史事物都是在特定的、具体的时间和空间条件下发生的,只有在特定的时空框架当中,才可能对史事有准确的理解"。[1]这给寻求历史课的教学立意能带来一些帮助[2]。历史教学中我们呈现给学生的历史现象包含两方面内容:(1)历史现象本身的信息,包括时间、地点、人物、事件的过程、制度与思想观念方面的内容、社会面貌等。这些历史现象,由于受《新课标》编排与教科书书写的限制,往往以若干子目、一个个历史概念的形式呈现给学生,这样学

---

[1] 中华人民共和国教育部制定:《普通高中历史课程标准》,人民教育出版社,2018年,第5页。

[2] 在平常教学中,老师们会非常重视时间概念,有时间就有历史变迁感;对地理概念的重视程度相对小一些,但也很重视历史现象及它们之间的联系,而它们是建立在具体的场景中,是空间概念的延伸。

生会感觉历史是若干"词条""概念",其间欠缺过渡与形式上的联系。(2)历史现象背后的信息,即为何在特定的时空联系中产生这样的历史现象。任何历史现象都是人类社会从低级向高级发展的历史过程中的暂时现象,它们在历史长河中必有其促成原因。事实上人类各个领域的实践活动是相互关联、相互影响的,形成了特定的结构和相应的功能。历史现象即便是呈现在《新课标》与教科书上,貌似零散但其促成原因也非绝不相关。进而历史老师只要能把握住历史现象背后的来龙去脉,在特定的时空之间找到千丝万缕的联系,就能够捕捉到驾驭教学立意的重要线索。本章以孔子关于夏商周"三代"制度因循损益的话题为线索,试图探寻如何通过历史现象的演进关系落实主线,从而渗透教学立意——历史现象都不是凭空创生的,而是在复杂的社会背景下,结合前代经验与当时社会需求,不断扬弃发展的结果。与其他求"常"的社会科学的落足点不同,历史学立足于求"变"。厘清历史现象更迭衍化的轨迹与规律是体现历史感的重中之重,但历史学的"变"中也存在"常",也就是一定之规:每一历史现象的创生发展乃至衰落都有其客观规律。这样理解,希望能给一线教学带来一些帮助。

二、关于周武王是否大规模分封
——兼谈史料遴选

讲到中国先秦时代的分封制,有的老师喜欢用《史记·周本纪》中的一段著名文字:

> 武王追思先圣王,乃褒封神农之后于焦,黄帝之后于祝,帝尧之后于蓟,帝舜之后于陈,大禹之后于杞。于是封功臣谋士,而师尚父为首封。封尚父于营丘,曰齐。封弟周公旦于曲阜,曰鲁。封召公奭于燕。封弟叔鲜于管,弟叔度于蔡。余各以次受封。

这一段话涉及实行分封的过程、如何进行分封、分封给什么人、分封的作用等问题，非常符合教学的需要，是"典型的、有价值的、有说服力的史料"。于是老师通过史料研习，而不是直接讲授这些内容，就能完成教学任务。也有教材以此为基础，认为武王克商之后就进行了大规模分封。但是，20世纪以来的先秦史研究成果已经证明，司马迁的这一段话并不可靠。

（一）周武王不可能大规模分封

司马迁所说周武王大规模分封的内容，是经不住推敲的。如果此说当真，则齐鲁燕晋等兄弟之国与甥舅之国已伫立于黄河流域的要冲区域，镇守东国南国北国，足以决定大局，那么成王即位之初、周公辅政期间，又何来殷民和东夷的大叛乱？所以20世纪以来，有一大批学者质疑司马迁的记载，认为齐鲁燕晋等周人的藩屏，应是在周王室平息殷民和夷族的叛乱之后，才分封于各地；此之前并未如此[1]。司马迁的话里包含

---

[1] 王国维：《殷周制度论》，《观堂集林（外二种）》，河北教育出版社，2003年，第231、238页。傅斯年：《大东小东说——兼论鲁、燕、齐初封在成周东南后乃东迁》，《民族与古代中国史》，河北教育出版社，2002年，第79—86页。金景芳：《中国奴隶社会史》，上海

二、关于周武王是否大规模分封

着一定的史影,真真假假,信息错乱,势必要仔细斟酌。综合各家的认识,要之如下:

其一,司马迁说周武王"追思先圣王",于是"褒封神农之后于焦,黄帝之后于祝,帝尧之后于蓟,帝舜之后于陈,大禹之后于杞"。"褒封"当是史实,但旨在兴灭国、继绝世,招徕一切反商的力量,这如同在孟津时大会八百诸侯、在牧野之战前团结八国反商同盟一样,并没有后世"封建亲戚,以藩屏周"的构想。这一时期不仅在国家结构上,而且在祀典、历法、青铜器制造等方面都沿袭殷商旧制。《逸周书·度邑解》以及《史记·周本纪》记载,周武王与周公旦夜不能寐,言尚未"定天保",思虑对中原殷商遗留势力采取何种政策,也说明当时体制除以沿袭殷制为主外,尚无周人自己的创建。再则,武王在位时间甚短,《尚书·金縢》记载克商二年即得病,不久病终,也无暇展开大规模分封事业。

其二,傅斯年先生的名文《大东小东说》,已推

人民出版社,1983年,第114—115页。陈恩林:《齐鲁燕的始封及燕与邶的关系》,《历史研究》1996年第4期。王玉哲:《中华远古史》,上海人民出版社,2000年,第529—538页。晁福林:《先秦社会形态研究》,北京师范大学出版社,2003年,第397—403页。

测武王之世鲁、燕、齐是存在的,但和后代的位置不同,封于成周南部,位于今河南鲁山、郾城与南阳一带。这也是一种合理的论断。有学者进一步指出,周武王本想把东都选在"有夏之居"的阳翟,并非洛邑,进而齐、鲁、燕、许等国均为拱卫阳翟而被封于今河南中南部:齐在南阳盆地,鲁在鲁山县境内,燕靠近郾城,许位于许昌鄢陵之间[1]。此说在傅说基础上进一步为相关文献及考古所见史事提供了较合理的解释途径,可信度较高[2]。准此,则武王分封亦是拱卫东都阳翟而设,集中一隅,且军事戍卫的色彩重,并非大规模实践。王国维《殷周制度论》说"武王克纣之后,立武庚、置三监而去,未能抚有东土也",[3]当大体不误。

其三,司马迁说周武王"封弟叔鲜于管,弟叔度

---

[1] 王晖:《周武王东都选址考辨》,《中国史研究》1998年第1期。顾颉刚:《三监人物及其疆地》,《文史》第22辑,中华书局,1984年。

[2] 如《左传》隐公八年郑伯以泰山之祊田易鲁之许田。如果鲁本在今河南南部,这一事件较易理解。《诗经·鲁颂·閟宫》载鲁侯先"俾侯于鲁",再"俾侯于东"等。成王时期康侯簋铭文直接说"康侯鄙于卫",是让康侯迁徙到卫的明证。见朱继平《从淮夷族群到编户齐民——周代淮水流域族群冲突的地理学观察》,人民出版社,2011年,第45页。

[3] 王国维:《殷周制度论》,《观堂集林(外二种)》,河北教育出版社,2003年,第231页。

二、关于周武王是否大规模分封

于蔡",这是"三监"的重要构成,也不应当看作分封。《史记·管蔡世家》言武王"封叔鲜于管,封叔度于蔡:二人相纣子武庚禄父,治殷遗民"。这是立"三监","监"本义是观察,引申为监督。徐中舒先生依据金文《仲几父簋》,指出卫为诸监之一,地位尊崇,但要受周王节制,实际上反不如诸侯能自擅一国;《仲几父簋》中"事于诸侯、诸监"就说明"诸监"和"诸侯"有别。"三监"只是在殷畿地区镇守,并非建国,管叔蔡叔也不称公、侯、伯[1]。这应是在特殊历史时期的一种策略。

其四,司马迁说周武王大封功臣谋士,"而师尚父为首封","封尚父于营丘,曰齐";"封弟周公旦于曲阜,曰鲁";"封召公奭于燕";"余各以次受封"。这大不符合史实。不用说远在北国的燕、东国的齐鲁,就是殷商故地的卫国,其始封君也是周武王的少弟康叔封,《左传》定公四年也认为是在周公时代分封。康侯簋铭文明确记载,王来伐商邑,让康侯从康地迁徙到卫地,其背景也和成王东征的史实相吻合。鲁国本为奄,《说文》作郰,言为"周公所诛"之国,《逸周

---

[1] 晁福林:《先秦社会形态研究》,北京师范大学出版社,2003年,第402页。

书·作雒解》言其国君为周公辅政成王时三监之乱的元凶之一,《尚书大传》等文献有周公"践奄"的说法,《诗经·鲁颂·閟宫》为成王令周公侯于鲁的史诗,《左传》定公四年认为鲁在周公时代分封,显然是三监之乱以后的事。金文《禽簋》《冈劫尊》之"王伐盖","盖"即"奄"。齐国之都为营丘,在临淄之北,为三监之乱的元凶之一、殷商方国蒲姑旧地,武王时并不在周人手中。《史记·齐世家》中有太公与莱人争夺营丘之事,并不可靠;《鲁世家》有太公封齐而报政于周公之事,当可靠。燕地殷商势力极重,《史记·燕世家》说武王封召公于北燕,不可信;金文《克罍》《克盉》言周王"令克侯于匽(燕)","克"为第一代燕侯,当封于成王之时。这些分封大藩皆如此,至于其他封国更是在此之后。

其五,制度的变革由形势造就。武王时代小邦周克大邑商,虽然巩固政权的形势严峻,但形势并没有失控。诚如王国维所说:"自殷以前,天子、诸侯君臣之分未定也。……盖诸侯之于天子,犹后世诸侯之于盟主,未有君臣之分也。周初亦然,于《牧誓》《大诰》

二、关于周武王是否大规模分封

皆称诸侯曰'友邦君',是君臣之分亦未全定也。"[1] 此说甚确,周天子尚能和周的同盟军达成默契,以盟主的身份镇抚殷邦,故这一背景下无大规模分封,沿袭殷商内外服的国家结构即可。《逸周书·度邑解》等文献记载,周武王对周公旦坦言,自感来日不多,恐身后生变,望周公旦登基并作东都,方能戡乱。武王崩,周公辅佐年幼的成王,三监之乱爆发,给年轻的周政权以致命的打击。据说经三年的艰苦作战,终于平息叛乱。《左传》僖公二十四年言"昔周公吊二叔之不咸,故封建亲戚以藩屏周",甚确。三监之乱后,周公痛定思痛,认识到殷商遗民之所以叛乱是因为内外服制度漏洞大,外服土著部落首领非我族类,对周政权容易离心离德。因此,周人把自己的亲戚功臣分封到各地,把握天下要冲,决定大局。殷民盘根错节的势力一旦被打破,就能大大降低叛乱的可能性。王国维《殷周制度论》言此时西周王室改变了"天子、诸侯君臣之分未定"的情况,"逮克殷践奄,灭国数十,而新建之国皆其功臣、昆弟、甥舅,本周之臣子;而鲁、卫、晋、

---

[1] 王国维:《殷周制度论》,《观堂集林(外二种)》,河北教育出版社,2003年,第238页。

齐四国，又以王室至亲为东方大藩，夏、殷以来古国，方之蔑矣。由是天子之尊，非复诸侯之长而为诸侯之君"[1]，这恰是周初分封的重要背景。周人的分封大成于成康之世，并非代代推行的常制。如果把周初大分封背景套在武王克商之后，则有悖于史实，且讲不出分封的意义何在。

毕竟司马迁距离周初已经一千年，其言论的可靠性大打折扣。说《史记·周本纪》中那段著名的文字是"有说服力的史料"，不确。用它来说明问题，就不如遴选更可靠的材料。

（二）史料遴选是教学的重点

史料实证是历史学科素养的重要内容。《新课标》指出："史料实证是指对获取的史料进行辨析，并运用可信的史料努力重现历史真实的态度与方法。历史过程是不可逆的，认识历史只能通过现存的史料。要形成对历史的正确、客观的认识，必须重视史料的搜集、

---

[1] 王国维：《殷周制度论》，《观堂集林（外二种）》，河北教育出版社，2003年，第238页。

二、关于周武王是否大规模分封

整理和辨析,去伪存真。""辨析""运用可信的史料""整理和辨析""去伪存真"都说明求真是历史学的第一要务。时下,史料实证在一线教学中出现的频率相当高,大有泛化的趋势,仿佛历史课上出现的所有内容都可以在教学中得到实证,做到无懈可击,但恐怕并非如此。

事实上史料实证也有不同的层面:第一个层面是论从史出,即不说空话,以常识自圆其说;第二个层面是甄别史料,即搜集材料,依据一定的历史知识在众多材料中进行筛选,从而找到支持自己观点的材料;第三个层面是史料考据辨伪,针对某一材料,在大量证据的基础上论证其真伪,探讨其学术价值。就学术性而言,三者由浅入深。第一、二个层面,中学生、中学一线教师以及有历史学科知识的一般人是可以做到的,但第三个层面,更多意义上需要专家学者完成,甚至专家学者也完不成、不得不存疑的例子也比比皆是。因为考据史料真伪,绝非一件简单的事情。这至少需要三个复杂的环节:

①在现有的条件下,对这一问题的已知信息刨根问底,形成知识结构。

②依据知识结构，利用一定的方法证实或证伪史料中的内容。

③史料真伪的结论也非一成不变，如遇新史料再作新认识。

就此三点而言，既需要一个人的渊博的学术背景，又需要具有敏锐的鉴别力，更需要日常更新的知识结构。以考据著称于世的史学大家陈垣先生，谈论自己的治学经验时说："（一）凡事之传说，不论真伪，必各有原因。（二）凡研究讨论一事，如证据未充分时，决不可妄下断语……（三）读书时遇微细异同之处，虽一字之差，亦不可忽略……"[1]这样的工作相当精专，中学一线教师，或者面对其研究领域之外内容的学者，缺乏相应的学力与经历，都是难以承担的。即便对专家学者而言，对其研究领域内某个问题进行辨伪，也须要经历一系列抽筋扒皮式的思维撞击，毕竟历史留下的资料是非常有限的，并且历史是多面的，谁也不敢说自己所持的方法论就万无一失，越是古代史难度就越大。从《史记》对周武王分封的事件描述中，我

---

[1] 陈垣：《顺治皇帝出家》，陈乐素、陈智超编校：《陈垣史学论著选》，上海人民出版社，1981年，第489—490页。

二、关于周武王是否大规模分封

们就不难看出这一点：司马迁的确是渊博的掌故达人，也是有深刻洞见的历史学家，但商末周初的历史，距离司马迁已经过去了千八百年，历次战火之后周代文献大量亡佚，且战国以后人们对周初开国历史进行过美化，使得汉代人看周代已经是云里雾里。这一点并不能责怪古代史家，因为古代史家也不是神。综观史学名著，考证性的著作总被人们视为弥足珍贵的干货，道理就在这里。故此，历史学科中就有一句名言："说有易，说无难。"提出某一说法，作为一家之言，学者们习以为常，但用现有的证据，依据恰当的方法论予以考据，证实或证伪某问题，却难能可贵。即便考据获得结论，也不是一劳永逸，看似定谳的结论在新材料面前翻案的例子也屡见不鲜。这样的说法，应非夸张之辞。

制定《新课标》的专家无疑是考虑到了这样的问题，在"学业质量水平"3-3中指出"能够对史料进行整理和辨析，并判断其价值"；4-3中指出"能够比较、分析不同来源、不同观点的史料"，"能够在辨别史料作者意图的基础上利用史料"，"在评述历史时，能够对材料进行适当的取舍"。这里的"整理""辨析""判断""比较""分析""辨别""利用",都还是在强调对比若干条史料,遴选更为妥帖的内容,并没有上升到考据辨伪的高度。学生难以做到,对老师来说也非易事。中学教学中能做到的,基本上属于上述第一、二个层面。

但不管是论从史出还是甄别史料,都要求教学中要细心谨慎地吸取学术成果,否则教学实践就会和史料实证的精神相背离。上述周武王大规模分封的记载,之所以不少老师在教学中使用,原因不外乎两个:一是这一材料简洁直白,信息量大,涉及分封的诸多内容,正好符合教学的要求;二是想当然地认为武王伐纣之后天下升平,理应存在大规模分封。于是对司马迁所说不假思索,未进行学术背景的考量,产生史实上的偏差。但这种偏差是可以避免的。

其一,中学教学不应欠缺学术视野。教学所引史料是否正确,并非凡人能一眼看出,势必要借鉴专家的研究成果。像周初分封的历史问题,20世纪的先秦史、考古学研究,已经给人们带来比较清晰的认识,对此的讨论洋洋大观,学术界很少有学者信司马迁所说武王时代存在大规模分封。绝大部分西周史研究的

二、关于周武王是否大规模分封

著作,都能告诉我们这些信息。一线教学不应该对学术资源熟视无睹。但这在中学教学实践过程中并没有很好地落实。在师范生的教学过程中,我们也发现,即便是在校大学生,能够把学术资源转化为教学资源的也是少数。比如有师范生讲秦的暴政,用杜牧名篇《阿房宫赋》说"六王毕,四海一,蜀山兀,阿房出。覆压三百余里,隔离天日……",诚然,"楚人一炬,可怜焦土"的感染力非常好,可是《阿房宫赋》毕竟是文学作品,不仅虚构的情节很多,而且也和近年的学术研究不吻合。2002—2004年中国社会科学院考古研究所等单位的考古工作人员对阿房宫前殿遗址进行勘查,细密勘查面积达35万平方米,未发现一处被大火焚烧过的痕迹。如果阿房宫大规模被烧,应该有大量的草木灰才对。最可能的解释就是阿房宫根本就没盖成,项羽烧的应是咸阳宫,在咸阳宫发现大片被焚烧的遗迹,并且《史记》等较早的文献都说的是项羽火烧咸阳宫,而不是阿房宫[1]。所以在课堂上使用《阿房宫赋》就应该谨慎。再如,有老师在讲战国合纵连

---

[1] 阿房宫考古工作队:《阿房宫前殿遗址的考古勘探与发掘》,《考古学报》2005年第2期。

横时，会举苏秦和张仪斗争的故事，《史记》等文献说得天花乱坠，两人将天下玩弄于股掌之间。但马王堆《战国纵横家书》的出土颠覆了这一点，张仪和苏秦不是一个时代的人，张仪比苏秦要早30年，张仪是秦惠文王时期的人，苏秦是齐闵王时期的人[1]。于是许多战国史实得以澄清，不少学者也赞同这一观点，我们上课就不应该不参考。有当代考古学家指出，应用考古学材料及研究成果，为社会服务，这些实践的现状并不乐观。现在的中小学历史课本内容一般落后于我们的考古学研究水平30年，还有不少是落后50年。在学术研究光辉灿烂、学术资源极大丰富的今天，这种现象不能不说是很大的遗憾，因为搜罗学术信息已经不是什么难事。我们的时代越来越呼唤拥有学术视野、能够把学术的真理妙谛转化为教学资源的学者型老师，这样我们的课堂质量就能进一大步。

其二，老师选取史料时，应尽可能减少对历史现象想当然的成见。不少人习惯于先入为主形成成见，之后找史料支持自己的观点，但这也许就和史实相

---

[1] 唐兰：《司马迁所没有见过的珍贵史料》，见马王堆汉墓帛书整理小组编《战国纵横家书》，文物出版社，1976年，第126页。

悖。荀子说，"凡人之患，蔽于一曲而暗于大理"（《荀子·解蔽》），因为头脑里已经产生排他性。比如对周武王大规模分封的错误理解，就和两个成见有关。第一是受《封神榜》等民间故事的影响。《封神榜》故事中武王灭商以后姜子牙封神，自然而然会有人将此比附成大规模分封。民间故事的渗透力，远比文献典籍要大。第二是受战国古史观的影响。《吕氏春秋·慎大览》记载武王克商之后，"与谋之士，封为诸侯，诸大夫赏以书社，庶士施政去赋。然后济于河，西归报于庙。乃税马于华山，税牛于桃林，马弗复乘，牛弗复服。衅鼓旗甲兵，藏之府库，终身不复用"。《礼记·乐记》亦言武王克商后，"马散之华山之阳而弗复乘，牛散之桃林之野而弗复服，车甲衅而藏之府库而弗得用，倒载干戈，包之以虎皮，将帅之士使为诸侯，名之曰'建櫜'"。这样的记载把武王灭商之后的情形描绘得过于乐观，从常理都能推知是不符合实际的。当时武王面临的形势还十分凶险，按照比较可靠的文献《逸周书·世俘解》的记载，在商纣自焚后，战事频仍，武王向四方征讨，计攻灭99国，杀敌177 779人，生俘300 230人，总计征服652国。这样险恶的环境，与

"马散之华山之阳、牛散之桃林之野"的描述完全不同。对统治者来说，当务之急不是政权建设，而是稳定局势、打击敌对势力。在此情形之下，周武王是不可能大规模分封的。其实在平常教学中，先入为主的成见并不少见，很多都是没有深入了解典籍文献等学术资源所致。如不少人先入为主，认为"罢黜百家"钳制思想，用董仲舒的"道之大原出于天，天不变，道亦不变"来说明其保守性，但这的确是不翻书导致的误解。如果我们看董仲舒《贤良对策》的语境，就会发现在这一句之后，董仲舒引申说："是以禹继舜，舜继尧，三圣相受而守一道，亡救敝之政也，故不言其所损益也。繇（由）是观之，继治世者其道同，继乱世者其道变。"董仲舒指出尧舜禹是治世，所以不必改革，但乱世一定要改革。他强调，汉得天下以来，常欲善治，而至今不可善治者，"失之于当更化而不更化也"。董仲舒恰恰是让汉武帝"退而更化"。也有人用董仲舒的"屈民而伸君，屈君而伸天"（《春秋繁露·玉杯》）来说明董仲舒"罢黜百家"背离民本思想，这也是先入为主的成见。学者经过仔细考辨，指出这一句不能说明董仲舒反对民本，这里的"民"应该指的是诸侯

一、关于周武王是否大规模分封

国君,老百姓没有权力,不能和中央王朝对抗,只有诸侯国君有实力和中央王朝对抗,"屈民而伸君"正是亲历七国之乱的董仲舒总结出的历史教训,旨在维护统一,"屈君而伸天"有讨伐无道昏君的汤武革命的意味,本身就包含了民本思想[1]。当然,我们的历史知识结构,是通过经验架构起来的,经验在流传过程中就不可避免地带着成见,会以偏概全、移花接木甚至无中生有。但是把握好学术资源,就会距离历史面貌越来越近,可在很大意义上削减我们的成见。

其三,前代留下的史料基本上是碎片化的,在浩如烟海的文献之中,能够完全迎合教学需要、和《新课标》乃至教材重难点内容极其一致的史料凤毛麟角。明晰这一点,在教学中使用文献就能稳妥许多。在实践中老师都有这样的体会:翻书找半天,也找不到几条能拿到课上用的史料。那些严丝合缝的文字,也可能是人们捏合而成。《周本纪》中武王时代大分封的资料,也系司马迁以前战国时人捏合"褒封"以及周公、成康时代分封"亲戚"的古史而成。这样的内容有前

---

[1] 周桂钿:《董仲舒天人感应论的真理性》,《河北学刊》2001年第3期。王永祥:《董仲舒评传》,南京大学出版社,1995年,第351页。

商周时期的社会变革

代的史影,更有后人的移花接木,可靠性就比较差。又如有的老师在讲授"古希腊民主政治"时,用一个叫"帕帕尼"的雅典公民当资料,帕帕尼去开公民大会,参加陪审团,看到陶片放逐,等等,但这个材料是人们为了串联起教材内容而虚构的,这就闹出了笑话。再如有的老师为了讲授工业革命的影响,虚构了1851年伦敦世博会上,外国人批评中国手工艺品落后的情形,从而导出近代中国的积贫积弱,这就与史实不相符,因为在1851年的世博会上,中国产品很受外国人青睐。还有老师讲授明末清初三大思想家顾炎武、黄宗羲、王夫之,虚构了三先生谋面的经历,使得三先生对话。这些材料都没有文献的依据。恰如人意的材料在典籍文献之中之所以罕见,是因为《新课标》和教科书是现代人编的,与古人的经历和知识结构基本上不是一个体系。典籍文献或学术著作中,关于中学教学的某一事件、概念的记载,是支离破碎、语焉不详甚至乱七八糟的,这才是正常的现象。比如,我们看不到周初分封的完整资料,但能通过《左传》定公四年中春秋卫国贵族祝佗之语了解周初分封晋、鲁、卫三国的些许片段,通过《左传》僖公二十四年中富辰之语大体了解"以藩屏周"的"亲戚"大体有哪些，能通过克罍、宜侯夨簋等铭文了解某一诸侯国受封时的概貌。这就决定了中学教学中史料需要仔细遴选。

(三)典型案例

有老师认为，是不是把《史记·周本纪》，《左传》僖公二十四年、昭公二十六年和定公四年等不同时期记载分封的材料，以及青铜器铭文等考古资料都在课堂上摆出来，才叫史料实证，才能把分封说清楚。这样的看法似乎也不合适。

一方面，所有分封的资料一股脑儿在课堂上甩给学生，貌似气势磅礴，但是缺乏内在的逻辑。比如《史记·周本纪》和《左传》若干材料的内容就有很大重合，涉及分封的青铜器铭文基本是册命，记载的内容也是千篇一律，流露的信息是有限的；以为说清楚了，实际上许多问题还是悬而未决。并且这若干材料的信息也有互相矛盾之处，《史记·周本纪》说武王分封，《左传》僖公二十四年说"昔周公吊二叔之不咸，故封建

商周时期的社会变革

亲戚以藩屏周",昭公二十六年说"康王息民,并建母弟,以藩屏周",定公四年说"昔武王克商,成王定之,选建明德,以藩屏周"。这几条的时间就不一样,学生们会问为什么如此?这样的堆砌就意义不大。

另一方面,老师的课时量是有限的。有学者把当今中学历史课堂分成两类:一类是以讲授性为主的课堂,其中穿插若干探究性学习的内容;另一类是以探究性为主的课堂,讲授只是其中串联的线索。前者适用于大多数常态历史课,后者适用于探究活动课或者综合实践课程。之所以这样,是因为试图解决某个问题并不是一件简单的事,而课时是有限的,探究性活动要耗费大量的时间与精力。这样知识的体系性势必受到冲击,就形成了探究活动与知识体系性之间的矛盾。如果甩给学生一堆古文献乃至铭文,不要说吃透,就是厘清字面的内容都是一项艰巨的工作。所以,教学中遴选典型的片段并深入剖析,就能深入情境,起到史料探究的作用。而一节课上出现若干探究活动,以老师的讲授将之串联起来,就能在顾及体系性的同时,不失探究的深度。

比如有老师用《左传》僖公二十四年富辰所说"昔

二、关于周武王是否大规模分封

周公吊二叔之不咸,故封建亲戚以藩屏周"一句,来说明分封的问题,就值得借鉴。老师出示材料,略加解释:周武王死后爆发了管叔、蔡叔参与的反周的三监之乱,给周政权以重创。这时武王之子成王即位,周公旦辅政。平息了三监之乱后,周公旦有感于管叔、蔡叔的不善("不咸"),试图改变沿袭商代外服制的做法,推行分封制("封建亲戚"),使之屏卫周室。老师设问:(1)"周公吊二叔之不咸",周公旦从中得出的历史教训是什么?老师引导学生往三监之乱前的国家结构上思考,周初沿袭商代外服制,国家结构松散,外服异族离心离德,所以管叔、蔡叔勾结殷民导致三监之乱。只有改变外服的格局,才能实现长治久安。(2)周公旦这里分封的主要是哪些人?老师引导学生把握住"亲戚"二字。"亲戚"是指和自己有血亲和姻亲的人,唐朝学者孔颖达认为,"亲"指族内,"戚"言族外。前者是周人的同姓,即"兄弟之国";后者是与周人联姻的异姓功臣,即"甥舅之国"。他们构成了分封的主要力量。(3)周统治者分封自己的同姓与功臣,为什么能实现"以藩屏周"?分封制与商代的外服制有什么不同?老师引导学生往分封的实质上思考。分封制的推行,是以周人自己的血缘政治纽带,取代先前外服制盘根错节的地方势力,使得异族势力难以反叛,从而实现了不同族群的杂居。

又如有老师选择并剖析国家博物馆的宜侯夨簋的铭文来描述分封制,就起到了不错的效果。

图 2 宜侯夨簋拓片与释文

新中国成立初期,在江苏丹徒出土的宜侯夨簋,记载了周王把诸侯"虞侯"改封到"宜"地的历史事件。铭文说,在四月丁未那天,周王查看了前代统治者周武王、周成王伐商的地图和东国的地图。王在"宜"

二、关于周武王是否大规模分封

地的宗庙中面朝南,册命"虞侯":让他到"宜"地当侯,赐予用于祭祀的酒和酒器、弓箭;赐予带有300条沟、35个"邑"的土地;赐予"宜"地的"王人"(周的同姓贵族)、"奠"地的"七伯"及其相关人口,以及更多的"宜"地的"庶人"。这时的"虞侯"已经成为"宜侯",为感念王的恩德,做了祭祀自己父亲的青铜器。

基于此,老师问:(1)铭文流露出怎样的时空信息?这是让学生定位时空观念,铭文在江苏丹徒出土,写的是"虞侯"改封到"宜"的事件,并且提到"东国",可以推知这一事件发生在周王朝的东部边鄙。铭文中的时间是"四月丁未",但是铭文提到周武王、周成王伐商的地图,所以铭文中的事件应发生在这两代王以后,专家综合诸多信息,推断它发生在周武王的孙子周康王时期。这些内容学术性强,老师应仔细诱导,随时予以补充。(2)铭文中周王把"虞侯"改封到"宜",目的何在?这一点学生不难作答,周王是让"虞侯"到"宜"地镇守疆土、拱卫王室,而周王拥有分封天下的至高权力。(3)册命过程中,周王赏赐祭祀用酒及酒具、弓箭,说明什么?老师突出"祭祀",说明"祭祀"在早期国家礼仪中有着重要的地位;弓箭说明周王赐给"虞侯"征伐之权。这说明上古时期"国之大事，在祀与戎"的历史特征。（4）周王除器物外，还赏赐给"虞侯"了什么？不难发现是土地和人，这正是分封制度的要点。（5）周王赏赐给"虞侯"的土地，从规模上和后代诸侯国（如战国七雄）相比，有什么特点？无疑规模要小得多，这说明上古时期的"小国寡民"特色。（6）周王赏赐给"虞侯"的人，有哪几类，都是什么人，为什么这样做？不难看出有三类：周人同姓贵族"王人"，来自其他地区的贵族"奠七伯"，以及"宜"地的土著居民。"王人"作为统治者处于社会顶层，"宜"地的土著居民是社会下层，来自其他地区的贵族"奠七伯"在两者之间。这样的作用是，造成前所未有的不同族人混居在一起的现象，使得"宜"地的势力无法盘根错节，推动了部族融合，大大利于周人的统治。分封的真正意义在此。

这样遴选铭文材料并精细解读，能够把学生带到历史背景中，以"麻雀虽小五脏俱全"的做法解读史料，体现了历史学科的深度，如此才能把历史学科的能力培养落在实处。

三、关于分封制是否无土可分
——兼谈结构不良问题的解决

历史课堂上,老师讲到分封制,总会有同学问:如果周王手中没有土地可分了,怎么办?学生经过了思考,问题也顺理成章:按照人口的繁衍规律,有限的土地自然会被分封完,制度也就推行不了了。但史实是否如此呢?周代统治者是否真的面临这样的问题?如果是,是否有办法解决呢?如果不了解三千年前的社会背景,一切都是妄谈。事实上,分封制度是在当时错综复杂的历史背景下周人不得不推行的制度。周初社稷不稳,不仅殷顽民蠢蠢欲动,而且周代接手的,是数量众多的与周人不同血统的土著部族。周人坚信"异姓则异德,异德则异类"(《国语·晋语四》)、"非我族类,其心必异"(《左传》成公四年),故封建亲戚,试图通过自身的政治制度建设,以周人自己的血缘政治纽带,取代旧有的土著部落。明乎此,才可能为上述问题的回答找到大致的方向。而回答分封制没土地可分了怎么办,先要回答分封制是否无地可分;回答分封制是否无地可分,先要回答分封有哪些不同的层面。具体问题具体分析,这样才合乎逻辑。

(一)"褒封"应不存在无土可分的现象

不少老师在教学中,把西周的分封制解释成封邦建国。这样的说法不可谓不对,但并不全面。古代中原王朝的天子将土地分给王室子弟,所封之地称为诸侯国或者封国。分封土地自然是分封制的主要构成部分,但是分封制还有更复杂的内容。其中最自然而然的一种情况是"褒封"。韩愈的《封建论》说:

> 天地果无初乎?吾不得而知之也。生人果有初乎?吾不得而知之也。然则孰为近?曰:有初为近。孰明之?由封建而明之也。彼封建者,更

三、关于分封制是否无土可分

古圣王尧、舜、禹、汤、文、武而莫能去之。盖非不欲去之也,势不可也。势之来,其生人之初乎?不初,无以有封建。封建,非圣人意也。

韩愈所说的古圣王"莫能去之"的分封就是"褒封",基本属于中央王朝给土著部落一个名号上的认可。他认为世界是有初始阶段的,从古代的封建制度就可以看明白。即便是古代贤明的帝王唐尧、虞舜、夏禹、商汤、周文王和周武王,也没有谁能把"褒封"摒弃掉;不是不想摒弃,而是"势不可"。这种"势"的出现,大概就是在人类的初始阶段吧?如果不是这样就不可能产生封建制。《春秋公羊传》隐公元年何休注云:"有土嘉之曰褒,无土建国曰封。"韩愈把这一过程作了合理的推演,指出人类早期处境险恶,"彼其初与万物皆生,草木榛榛,鹿豕狉狉,人不能搏噬,而且无毛羽,莫克自奉自卫"。这时候,能率领民众在生产力低下的生活环境中生存,避免各种争斗,这样的人就是获得了威信的有"德"者,于是有了领袖。"荀卿有言:'必将假物以为用者也。'夫假物者必争,争而不已,必就其能断曲直者而听命焉。其智而明者,所伏必众,告之以直而不改,必痛之而后畏，由是君长刑政生焉。故近者聚而为群，群之分，其争必大，大而后有兵有德。又有大者，众群之长又就而听命焉，以安其属。"这样就产生了政治秩序，封建制度就不可避免："于是有诸侯之列，则其争又有大者焉。德又大者，诸侯之列又就而听命焉，以安其封。于是有方伯、连帅之类，则其争又有大者焉。德又大者，方伯、连帅之类又就而听命焉，以安其人，然后天下会于一。是故有里胥而后有县大夫，有县大夫而后有诸侯，有诸侯而后有方伯、连帅，有方伯、连帅而后有天子。自天子至于里胥，其德在人者死，必求其嗣而奉之。"所以韩愈说"封建非圣人意也，势也"。韩愈的推论是符合历史发展规律的。分封制正式起源于何时，现在难以确考，但《史记·五帝本纪》认为黄帝时代"诸侯咸来宾从"，"诸侯咸尊轩辕为天子"，黄帝"置左右大监，监于万国"，《左传》哀公七年说"禹会诸侯于涂山，执玉帛者万国"，《尚书·尧典》说"协和万邦"，这些现象描述的就是韩愈所说的初始阶段的封建制度。这里的诸侯以及各层领袖，无疑就是土著部落的首领。

上古三代不断发展，夏商王朝推行的内外"服"

三、关于分封制是否无土可分

制度,一定意义上就是对土著部落首领统治地方合理性的认可(不少学者把夏商看作部族时代,其原因就在此)。到周代,周统治者把自己的亲戚子侄分封到天下要冲地带做诸侯,形成了众多的"兄弟之国"与"甥舅之国",以自身政治血缘纽带消融旧有部落,把封建制度推向顶峰。但除了周人的封国之外,还有大量前代土著部落,周王不得不"褒封"前代帝王的子孙以及其他部落的后人,给以王侯名号,比如"三恪"("恪",敬也。三恪:一说封虞、夏、商之后于陈、杞、宋;一说封黄帝、尧、舜之后于祝、蓟、陈),《论语·尧曰》说的"兴灭国,继绝世"即此类情况。这种"封"只是名号上的,土著部落内部的组织结构与风俗习惯并没有什么改变。事实上,这些部落在几千年的经济文化交流过程中已经非常羸弱,往往成为大国吞并的对象,数量也越来越少,所以儒家才倡导"兴灭继绝"。就此而言,这一类分封基本没有什么无土可分的可能。

(二)封邦建国也不应存在无土可分的现象

作为"兄弟之国"与"甥舅之国"的周代封国,系周代国家结构的重要组成部分,也是周王室维护统治的基础。这些诸侯须服从周天子的命令,有为周天子镇守疆土、勤王作战、交纳贡赋、朝觐述职的义务。既然宗法与封邦建国结合紧密,那么若干代下来王室人口会大量激增,可是周王室掌握的土地是有限的,哪里有那么多封国可以代代分封?这样的思路貌似顺理成章,但是仔细考察,就会发现周代的实际情况并不是如此。这里需要从几个角度阐释这一复杂的问题。

1. 分封制在西周是否为常制?

西周整个一朝是否都在进行大规模的分封?这一点任何一个版本的中学教材都没有正面提及,但是已经隐含了一些蛛丝马迹。往往教材会给出"分封示意图",旨在给学生空间上的认识。图中已经把西周时代最主要的诸侯国标注了出来,包括燕、齐、鲁、卫、晋、杞、宋、许、陈、吴、楚等国,甚至会注释出第一任国君"封功臣姜尚""封周公子伯禽""封武王弟康叔""封成王弟叔虞"等。教材会交代:"周武王把王畿以外的广大地区土地和人民分别授予王族、功臣和古代帝王后代,让他们建立诸侯国,拱卫王室。武

三、关于分封制是否无土可分

王死后,其弟周公旦继续推行分封制度、扩展周的统治范围。"也有教材索性指出,周初是推行分封制的最关键时期。这些信息的时间特点是比较明确的。

不难发现,周公和成王、康王在位时期是分封制度推行的集中时间段。教材这样写,是有其道理的。《左传》昭公二十六年言:"昔武王克商,成王靖四方,康王息民,并建母弟,以藩屏周。"《左传》僖公二十四年言:"昔周公吊二叔之不咸,故封建亲戚以藩屏周。管蔡郕霍,鲁卫毛聃,郜雍曹滕,毕原酆郇,文之昭也。邘晋应韩,武之穆也。凡蒋邢茅胙祭,周公之胤也。"《荀子·儒效》中言周公"兼制天下,立七十一国,姬姓独居五十三人"。这些封国以姬姓为主,构成西周分封的主要格局。如果我们认为西周每个王在位时期都进行过大规模的分封,似乎就和这些记载不吻合。

其实反映西周历史的主要资料《史记·周本纪》,对西周中后期的历史记载得过于简略,不要说分封诸侯,就是许多周王的生平都不予详细记载。这不应该是司马迁的疏漏,因为为数众多的青铜器铭文中,也罕见这一时期的分封内容。西周除了早期的成、康、昭王时代以外,晚期的宣王时代也有少量的新封国(比如郑国）出现，但是数量不能与周初所封的封国等量齐观，因而有的学者索性称"周初大封建"。换言之，分封制在西周不是常制。这是很明显的史实。

历史学家许倬云认为，"周室封建事业大成于成康，则说明所谓封建亲戚，以藩屏周室，属于周初建国工作的一部分，并不是在后世仍推广进行的常制。周人与姜族的封君中，大部分在成康之世已经建国了"[1]。分封不是常制，是特定的历史阶段应对特定问题的产物。这与南北朝隋唐的均田制度有所不同：均田制要政府长期给无地农民以土地，是一种常制，没有土地则均田制不能推行。北魏时期北方经受了长期战乱，人口逃亡，土地荒芜。为保证国家赋税来源，北魏政权将无主土地按人口数分给小农耕作，土地国有，农民耕作一定年限后归其所有。后来的隋朝和唐朝初期仍行此制，因为在隋末战乱中又产生了大量的无主荒地，且世家大族在战争冲击之下兼并土地的力量大大减弱。唐中叶以后，人口稠密，土地兼并日益严重，均田制遭到破坏。唐德宗建中元年（公元780

---

[1] 许倬云：《西周史》增补本，生活·读书·新知三联书店，2001年，第148页。

三、关于分封制是否无土可分

年），宰相杨炎建议实行两税法，均田制废止。从此土地兼并不再有限制，历史从以人丁为税基的阶段进入以土地为税基的阶段[1]。均田制之所以能推行，除了以皇权为后盾之外，最重要的条件在于地广人稀——政府当时最缺乏的不是土地而是劳动力。但升平日久，则国有土地越发减少，私有土地大量增加。土地兼并使得无地农民承担不起赋税，到政府税源枯竭之时，均田制就到了尽头。这才是典型的常制导致无地可分的情况。

2. 分封的本质是什么？

老师在课堂上对分封的背景一定有所交代。周初社稷不稳，不仅殷顽民蠢蠢欲动，而且周代接手的，是数量众多的与周人不同血统的土著部族。周人坚信"异姓则异德，异德则异类"（《国语·晋语四》）、"非我族类，其心必异"（《左传》成公四年），武王去世，发生了殷民的"三监之乱"，周公、成王作为最高统治者不得不痛定思痛，放弃了因袭的做法，进行制度的

---

[1] 齐涛主编：《中国古代经济史》，山东大学出版社，2001年，第258页。

商周时期的社会变革

变革。

在广布原始丛林、蛮夷出没的辽阔空间中,周人是以怎样的有效手段巩固统治的?除了分封亲戚功臣之外,其实乏善可陈。这种做法实质上意味着周人以自己的血缘纽带,代替原有的社会纽带。周人姬姓、姜姓等族类是高踞在当地土著部落之上的新成分,居于封建结构的上层。据日本学者伊藤道治的研究,西周的封国分布在渭水、汾水、洛阳开封南阳三角区、成周近畿、鲁南苏北、豫南鄂北、鄂南湘赣七个地带。"封建亲戚"的主要国家,大体就在黄河中下游的农耕文明区,其中鲁、卫、晋、燕这些姬姓封国势力最为强大,地处要冲,足以决定大局。[1] 可见,周人分封的目的就是以"我族类"的力量控制这些地带。如果说这一目的在西周初期已经达到,那么此后也就没有无穷尽分封的必要。这不仅能够说明为什么大分封的行为集中在周初,也能够说明为什么《史记·周本纪》在西周中期的记载较少。

---

[1] 〔日〕伊藤道治:《中国古代王朝的形成》,中华书局,2002年,第147页。

3. 西周的封国是什么样子？

这里老师给出材料：周代的国家面貌和后代有明显的差别。历史学家吕思勉在论及上古帝王视察四方的巡狩制度时，分析了上古国家与后代国家的不同："古代疆域小、人民朴。人民朴则上下不隔，疆域小则巡览周易。"[1] 西周的国家是城邦式国家，而不是地域式国家，只不过通过控制若干"点"实现对"面"的有效控制。王国维先生说，古"封""邦"本一字，在田边种树，封邦建国。即便是规模很大的曲阜鲁国故城城址，城垣东西最长处 3.7 千米，南北最宽处 2.7 千米，东、西、北各三座城门[2]。鲁国在周代诸侯国中地位特殊，"祀周公以天子之礼乐"，其规制远高于其他诸侯国，最接近于周王室。这样的面积在 10 平方千米左右的城邦规模，不仅远不能和现代大都会同日而语，也和上千乃至数千平方千米的古希腊城邦有很

---

[1] 吕思勉：《中国制度史》，上海教育出版社，2002 年，第 335 页。
[2] 中国大百科全书总编辑委员会《考古学》编辑委员会：《中国大百科全书·考古学》，中国大百科全书出版社，1986 年，第 403 页，"曲阜鲁国故城"条。

大差别。但上古三代的版图并不小，夏人的主要活动范围，在今河南西部、中部与山西南部一带，与其他氏族部落形成犬牙交错的局面。商人文化所及的范围，《诗经·商颂·玄鸟》说"邦畿千里，维民所止，肇域彼四海"，《淮南子·泰族训》也说"纣之地，左东海，右流沙，前交趾，后幽都"，随着近年考古资料的公布，人们看到商文化遗址的分布东至辽宁、内蒙古，西及四川，南抵湘赣。到西周时期，周王拥有的版图空前辽阔，《左传》昭公九年记载周初的四至："我自夏以后稷，魏、骀、芮、岐、毕，吾西土也。及武王克商，蒲姑、商奄，吾东土也；巴、濮、楚、邓，吾南土也；肃慎、燕、亳，吾北土也。"这个正是周人文化所及的范围，其间虽有夷狄交错，但周王可直接支配的范围要大于夏商两代。这样以要冲地区的若干城邦为基础，实现周王室的政治势力由点到面的辐射，是周人统辖地方的有效管理手段，和战国以后领土式国家的攻城略地、寸土必争全然不同。所以在城邦式国家的时代，选择某一要冲区域建立封国，统御周边是常见的手段。封国既可以在此处，也可以在彼处（西周封国的迁徙是普遍的现象，比如晋国就从唐迁徙到了晋，虢国、吴国经历了复杂的迁徙过程，这很能说明城邦式国家流动性的特点），无地可分的现象出现的可能性比较小。

4. 宗法关系是否永远牢固？

《礼记》中《丧服小记》《祭法》《祭统》等篇目记载，宗法有大小宗的区别，大宗为嫡，小宗为庶。不同的血缘亲疏关系有着不同的丧服，小宗的血缘关系超过了五世，就没有了丧服的规定，就是礼书中说的"五世则迁"。周天子是天下的大宗，百世不迁，永远嫡长子继承。就这样的宗法特点而言，从诸侯分出去的小宗，对周王室的忠诚也不是子子孙孙无穷尽的，在父系五代亲缘之后，政治联系随小宗对大宗的血缘一起趋于淡漠。礼书中"五世则迁""五世而斩"这种记载也许和西周的情况会有一定的出入，但是有一点可以肯定，就是诸侯和周王室之间的联系会越来越疏远。诸侯国的势力越发盘根错节，周王室对地方的支配力量就越来越弱，分封诸侯并插手地方事务的余地就越来越小。这意味着天子的权威被打折扣，《礼记·郊特牲》记载："觐礼，天子不堂下而见诸侯；堂下而见诸侯,天子之失礼也,由夷王以下。"天子越发顺承讨好诸侯,大规模分封的可能性越来越小。

综上所述,西周封邦建国不大可能出现没有土地可分的情况。《左传》等文献表明,在春秋时期的政治舞台上,周王的庶子大量存在,他们很多人充当王畿之内的卿士。足见固然分封与宗法联系密切,但是分封不是常制,有宗法未必有分封。我们过于强调封邦建国与宗法两者水乳交融的关系(有的教材形容成互为表里,从家国同构的角度进行解读,有一定的合理性,但这样说最大的问题是,有宗法未必有分封,两者不是绝对依存的关系),往往容易忽略两者不相一致的那一面。如果客观地分析,则能明白封邦建国也不大能导致周王朝无土可分的情况。

(三)采田可能无土可分

诸侯有权把土地分给诸侯国的卿大夫,是否会没有土地可分?或者居住在王畿之内,担任职务的大贵族,周王赏赐给他们的土田是否也面临这种情况?这是中学教材没有交代清楚的问题。我们还可以分成两

三、关于分封制是否无土可分

个层面讨论:一是卿大夫自己的"采田"(包括王畿内贵族的土田)情况,二是卿大夫能否把"采田"分割给士。

按文献与铭文的记载,诸侯能够进一步分割土地给诸侯国的卿大夫,但分给卿大夫的土地是"采田"。"封略之内,何非君土?食土之毛,谁非君臣?"(《左传》昭公七年)诸侯国君在封域之内享有权威,应该与"采田"制度密不可分。"采田"的特点是,它只作为俸禄存在,贵族只能坐收衣食租税,而没有土地上临土治民的统治权。《公羊传》襄公十五年何休注言:"所谓采者,不得有其土地人民,采取其租税尔";孔颖达也同样理解:"大夫以采地之禄养其子孙";孙诒让《周礼正义》直接把这一性质的"采田"称为"禄田"。专家指出,其实俸禄的主要部分是实物而不是土地,也不是每一个卿大夫都能得到"采田"[1]。之所以如此,就是因为诸侯手中的土地有限,从这个意义上看无土可分的情况是存在的。

比如从西周中期不少土地交换的铭文中,我们都

---

[1] 钱杭:《周代宗法制度史研究》,学林出版社,1991年,第61页。

能看出关中地区土地资源已经相当紧张。李峰先生指出，在裘卫鼎（《殷周金文集成》2832）铭文中，裘卫获得的新土地实际上介于另外三个宗族土地之间，它与裘卫之前的财产并没有连接起来而是相分离的。从西周中期起，周王赏赐给贵族宗族的土地不再是一大块，而是小块的、零散的，这是当时常见的土地转让形式。卯簋盖（《殷周金文集成》4327）记载卯被赏赐的土地位于四个地点，每个地方的名称都不一样。在大克鼎（《殷周金文集成》2836）铭文中，克接受了周王赏的七块土地，它们位于七个不同的地方，每块地都专有一个地名。小块的、零散的土地用来交易或被周王赏赐，其结果是一个贵族宗族的财产分布在多个不同地点，而且很多可能位于其他宗族各块土地的包围之中。这些记录了小块土地赏赐的铭文表明，西周中晚期在陕西王畿地区，这种对土地的小块持有形式更为常见，而不是特例[1]。这样的现象很能说明问题：到西周中期以后，王室掌控以及贵族占有的土地资源越来越紧张，关中地区出现了地少人稠的状况；这样

---

[1] 李峰：《西周的政体：中国早期的官僚制度和国家》，生活·读书·新知三联书店，2010年，第159页。

三、关于分封制是否无土可分

就意味着寸土寸金,即便是周王室也对这一趋势没有办法。李峰先生曾指出,西周政府的运作实际上是以"恩惠换忠诚"原则为基础的,土地主要被赐予那些肩负国家重任的文武官员,而地产为周王和贵族官员之间提供了一条重要的经济纽带。由于这类作为"王室恩惠"的土地的价值取决于它们给接受者带来的经济效益,于是当一片地产从王室所有转变为一个贵族家庭所有时,对周王而言,这片地产便从此丧失了生产力[1]。周王掌控的土地少,赏赐土地自然推行不下去,

---

[1] 李峰先生指出,在"恩惠换忠诚"的关系中,为了维持官员对自己的忠诚,周王就必须持续地施与这样的恩泽。但周王不能仅停留在同一个水平上的土地赐予,他必须提高赐地的水平,因为作为回报的忠诚会日益下降。到了一定时候,王室恩惠这种投资甚至根本得不到任何回报。当这种现象发生时,西周王朝就濒临崩溃了。不过这里真正的困境在于,周王赏赐官员的土地越多,他继续这么做的可能性就会越小。当时的历史情形是,东方土地分封殆尽,众多的地方封国广布各处。因此,周王可以用来赏赐官员的土地就仅局限于渭河谷地和洛邑附近的一小片地域了。当一块田地被赏赐出去后,它便从王室的财产中消失,成为接受者家族的财产,这样的土地自然也就只对接受者家族有生产力了。换句话说,周王的这种行为是将他自己的资本分发给周围的经济竞争者。只要土地继续流向贵族家庭,那么这种土地赏赐政策就会极大地缩减王室财产的规模,从而破坏西周国家的经济基础。李峰:《西周的灭亡:中国早期国家的地理和政治危机》,上海古籍出版社,2007年,第143—145页。此说甚是,但周王之所以不在东方赏赐大臣土地,基本是因为王

商周时期的社会变革

也就出现无地可分的状况,而且这一状况愈演愈烈,最终成为西周王朝衰落的一个重要原因。

卿大夫能否对"采田"再进行分割?由于资料所限,这也是一般不涉及的问题。西周史料中极少见卿大夫再把土地分给士的记载。这和我们平常理解的天子—诸侯—卿大夫—士层层分封的样式有很大区别。钱杭先生指出,分割土地不是宗族存在的条件,相反,分割土地将导致宗族的退化[1]。这样的分析是合理的。因为政治地位低于卿大夫的士,直接从天子诸侯那里领取报酬,或者从卿大夫"采田"收入中获得一份。既然卿大夫基本不对采田分割,也就谈不上无土可分。

这三个层面中,第一、二个层面不大会出现无土可分的现象,第三个层面则有可能,足见这一问题的复杂性,因为分封本身就涉及许多层面的内容,而且周代社会在数百年间还有巨大变化。

畿内(也就是渭河谷地与洛邑附近)土地的政治价值远远大于东方(这和今天北京、上海、广州等大城市房产价格昂贵的道理一样),不大可能因为东方土地分封殆尽(从西周的生产力水平看,东方大量土地还处于未开垦的状态,否则就不会有后代诸如"初税亩""尽地力之教"的历史现象了)。

[1] 钱杭:《周代宗法制度史研究》,学林出版社,1991年,第63页。

三、关于分封制是否无土可分

耐人寻味的是,商鞅变法也存在类似的情况。商鞅奖励军功,实行二十级爵制,人们按照爵位高低占有不同数量的田宅、奴婢。但是国家没土地可分了怎么办?这也是一个复杂的话题,仍需要仔细讨论。事实上商鞅变法废除了井田制,推行授田制度,性质发生了很大变化:大部分土地不再层层分封,而是国家直接授予农民耕种,农民直接向国家提供赋税和徭役,按亩纳税。各国君主的权力在战国时期空前加强,根本原因就在于授田制带来的社会剧变[1]。战国秦的土地,牢牢地掌握在国家手中。这一时期土地买卖或私有的资料凤毛麟角,与土地买卖日渐普遍的汉代迥异[2]。

军功地主虽然占有着国家的土地,但其土地的所有权往往属于国家,一般不可以世袭买卖。如《孟子·离娄下》言,齐国臣属离职,"遂收其田里";《韩非子·喻老》言,楚国"禄臣再世而收其地";《史记·甘茂列传》载,秦封甘罗为上卿,才把曾是祖父甘茂的田宅赐予

---

[1] 晁福林:《战国授田制简论》,《中国历史文物》1999年第1期。
[2] 杨师群:《东周秦汉社会转型研究》,上海古籍出版社,2003年,第177页。

甘罗;《史记·王翦列传》载,战前王翦请求秦王把田宅赐予子孙为业,秦王婉言谢绝。商鞅变法赏赐田宅,也是让田宅数量与爵位相等;官爵一旦失去,田宅就不能保留[1]。如此说来,国家对因军功赏赐的田宅控制非常严格,以保障这一政策的顺利推行。于是按照军功赐予土地,跟分封诸侯相比有着质的不同。

战国秦的军功授爵,是否形成国有土地不够安置的庞大群体?不少学生都注意到这一问题:二十级爵制按首计爵,杀敌二十人不就可以达到爵位顶峰了?恐怕没那么简单。专家指出,按首计爵是有条件的,这个条件就是斩杀敌人首级的数量必须超过己方战士死亡的数量。《商君书·境内》言:"其战也,五人来簿为伍;一人死,而刭其四人。能人得一首,则复。"在一"伍"之中,一人战死,其余四人皆应处以死罪;但如果斩杀敌人一个,则可功过相抵。《尉缭子·束伍令》言:"亡伍而得伍,当之。得伍而不亡,有赏。亡伍不得伍,身死家残。"可知必须是己方杀敌数目超过己方死亡数目,相抵之后才能按照"斩一首者爵一

---

[1] 杨师群:《东周秦汉社会转型研究》,上海古籍出版社,2003年,第81—82页。

三、关于分封制是否无土可分

级"来计算。战国各国均以富国强兵为目的,交战双方武器装备相差无几,又是近身肉搏战,所以军功获得爵位并不是轻而易举的事[1]。虽然今天我们无法了解秦国军功地主的具体数目,但学生能从这些信息推知,栖身这一集团相当艰难。

历史上也出现过秦王朝无土可分的现象。随着秦国的兼并,秦王朝无疑会把不断开拓的土地授给农民或军功地主,但土地是有限的,而农民人口的数量又非常庞大。专家指出,政府已无田可授或土地不多时,授田就停止了。秦始皇三十一年(公元前216年)诏告天下"使黔首自食田",允许农民自由地占垦荒地,垦种之后即归私有,从而宣告了授田制的基本结束[2]。但这更大意义上是授田给农民,而不是赏赐军功地主田宅。这些内容都说明了商鞅变法中的军功授田,基本不存在无地可分的情况。

---

[1] 陈恩林:《先秦军事制度研究》,吉林文史出版社,1991年,第197—198页。
[2] 齐涛主编:《中国古代经济史》,山东大学出版社,2001年,第216页。

（四）结构不良问题

教育心理学家指出，往往学生在学校中遇到的许多问题，都是"结构良好问题"（well-structured problem），即问题有良好的解决方法。比如从一个数减去另一个数得出结果，从选项中选出一个作为正确答案。学生可以从一个定义良好的途径解决问题。但还有一类是"结构不良问题"（ill-structured problem），不是说问题本身有什么错或不恰当，而是没有明确的解决途径，充满了模糊性，答案也散落在许多不为人知的角落。比如撰写论文时就经常遇到"结构不良问题"，没有明显、正确、清晰的途径帮助人们选择一个好题目，研究这一题目并撰写成论文；上好一堂课也同样是这样，没有一个固定的步骤能确保老师上好一堂课。在真正的科学研究中，更多存在的是让人们感到无从下手的"结构不良问题"[1]。学生的自主发问中这种情况大量出现，老师指导学生解决这类问题的过

---

[1] 〔美〕斯滕伯格:《教育心理学》，中国轻工业出版社，2003年，第288—289页。

三、关于分封制是否无土可分

程,就是化"结构不良问题"为"结构良好问题"的过程,包括辨别问题的真伪,确立明确的解决途径,寻求论据,按照逻辑一步步得出结论等诸多因素。反思以上例子,我们试图做到几点:

历史学中,理解某个观念或某个论据时,必须先理解背后的历史环境,这就是人们熟知的历史主义。探求制度的历史背景及两者间的关系,正是历史感的体现,是历史学科解决问题的重要思路。翦伯赞先生曾言,"评论一个历史人物,当然不是要求我们用今天的标准去要求一个历史人物,而是严格联系到这个历史人物所处历史时代和历史条件"[1]。历史人物或制度与历史背景的关系,如同演员与舞台的关系。为什么这个演员在这个舞台,而不是别的舞台?我们要回答的就是这样的问题。同样是"无土可分"的话题,解答起来差别那么大,就是因为不同社会条件使然。如果把历史书中的时代背景抄过来,揭示不出背景与问题间的联系,则这样只是"贴标签"式的解释,没有诠释力度。西周王室面临着异己势力的盘根错节,

---

[1] 翦伯赞:《关于历史人物评论中的若干问题》,《翦伯赞史学论文选集》第3辑,人民出版社,1997年。

封邦建国才有推行的必要；商鞅变法基于土地国有的授田制，才可能以田宅奖励军功；均田制的推行，正是因为政府手中掌握着战乱造成的大量无主荒地。足见历史主义的原则是一把钥匙。基于这一原则，展开历史背景，寻求人物、事件、制度与历史背景的关系，就是解决问题的关键。这样的工作，很可能远远超出了中学教材的知识范畴，要求很高，难度不亚于撰写论文，但对培养学生的历史学素养是大有裨益的。学生发现，在不少学科中，真正研究问题时，知识早已超出教材，解决问题的途径远不及书本上的科学方法那样规范，历史学科就是典型。这就需要不断地鼓励学生发现新问题，师生一起灵活地解决这些问题，如此才能把历史学"活"，发挥经世致用的作用。

另外关键的一点是，要依据历史背景辨别问题的真伪。西周分封制、商鞅变法军功授爵制的历史环境等复杂的历史现象，不仅是学生，甚至老师也是陌生的。只有在研究、思考的基础上，深入研究制度的背景并弄明白，才能分辨出问题的真伪。学生的发问源于认知冲突，即旧有经验与新知识之间的矛盾，而能够提出问题，说明学生不仅经过了认真的思考，而且

二、关于分封制是否无土可分

还具备可贵的问题意识,这些都值得充分肯定。但是因为学生对历史背景缺乏了解,教材的信息量又十分有限,所以旧有经验与新知识碰撞产生的问题未必是真问题。比如以上几个问题中,真正意义上面临没土地可分的情况的,其实只有贵族的采田(包括战国授田制与北魏均田制)。

对于问题的不同层面,设问时应分类讨论,不能大而化之。古代社会也很复杂,对不同层面的问题,具体问题具体分析才能得出恰当的结论。周王对诸侯,诸侯对卿大夫,卿大夫对士是否都有分土的情况,其面貌如何?是否都有无地可分的情况?每一种情况都透露着不同的历史信息,不应该放过不同层面的细节因素。往往在探索细节的过程中,历史学科一分事实一分话的严谨性才体现出来;也只有对细节进行探索,才可能把握住问题的关键所在,从而揭示历史的奥秘。

此外,还要在历史背景中思考影响这些问题的因素。社会错综复杂,制度牵一发而动全身。所以思考问题应该细心,许多重要因素不应放过。比如周王朝维护地方稳定性的需求影响着封邦建国的推行;"采田"制度与周王的权威密切相关;国家掌握的土地量,以及军功地主数量都影响军功授爵制的推行;皇权是否有力,是否有大量的无主荒地,都会对均田制的实施产生影响。

四、关于商鞅变法是否承认土地私有
——兼谈唯物主义的落地

商鞅变法是初高中历史教学中的重点内容。很长一段时间,人们把商鞅变法措施中"开阡陌,废井田"一条解释为确立土地私有制,允许买卖。比如翦伯赞先生主编的《中国史纲要》认为,"(商鞅)又下令废井田,开阡陌,允许土地买卖,承认土地私有权,为地主经济的发展铺平道路"[1]。张传玺先生的《中国古代史纲》认为,"废除井田制度,实行土地私有制度,准许土地买卖"[2]。杨宽先生的《战国史》认为,商鞅"重新设置了新的阡陌封疆,用法令的形式保护了土地私有

---

[1] 翦伯赞主编:《中国史纲要》(增订本)上册,北京大学出版社,2006年,第53页。
[2] 张传玺:《中国古代史纲》上册,北京大学出版社,1991年,第115页。

制"[1]。这样的看法影响了中学历史教学,不少老师也习惯于把战国变法讲成推动土地私有制确立的重要因素。但当今许多学者指出,此说并不符合战国历史的实际情况。在教学中,这一问题关系到先秦社会的重大制度变革,以及唯物史观的落地,有必要厘清。

（一）商鞅变法前秦国的土地制度

文献对商鞅变法以前的秦国土地制度记载较少。《汉书·食货志》中班固说"秦孝公用商君,坏井田,开阡陌,急耕战之赏,虽非古道,犹以务本之故,倾邻国而雄诸侯",并称述董仲舒之语:

> 古者税民不过什一,其求易共;使民不过三日,其力易足。民财,内足以养老尽孝,外足以事上共税,下足以畜妻子极爱,故民说从上。至秦则不然,用商鞅之法,改帝王之制,除井田,民得卖买,富者田连阡陌,贫者亡立锥之地。又

---

[1] 杨宽:《战国史》,上海人民出版社,2003年,第205页。

四、关于商鞅变法是否承认土地私有

颛川泽之利,管山林之饶,荒淫越制,逾侈以相高;邑有人君之尊,里有公侯之富,小民安得不困?又加月为更卒,已复为正,一岁屯戍,一岁力役,三十倍于古;田租口赋,盐铁之利,二十倍于古。或耕豪民之田,见税什五。故贫民常衣牛马之衣,而食犬彘之食。重以贪暴之吏,刑戮妄加,民愁亡聊,亡逃山林,转为盗贼,赭衣半道,断狱岁以千万数。汉兴,循而未改,古井田法虽难卒行,宜少近古,限民名田,以澹不足,塞并兼之路。盐铁皆归于民。去奴婢,除专杀之威。薄赋敛,省繇役,以宽民力,然后可善治也。

这一材料被学者与一线教师广泛引用,认为汉代的土地兼并状况是沿袭亡秦而来,商鞅变法变土地国有制为土地私有制,土地可自由买卖就是这一切恶果的根源。在董仲舒眼中,商鞅作为法家人物的代表,是和儒家的宽厚仁慈格格不入的。他不仅刻薄寡恩、罪恶累累,而且商鞅变法后土地兼并严重,其政策改变了儒家理想世界中的井田古法,使得后世深受其害。曾经有不少史家认为,土地兼并是封建社会一种固有的现象，其根源是土地私有制；土地兼并会加剧社会矛盾，影响封建政权统治基础，其根源能上溯到商鞅改革时期制定的政策。但问题在于这是汉人的追述，商鞅改革时期或者商鞅改革之前的面貌真就如此？"急耕战之赏"，是否就是"坏井田，开阡陌""除井田"？在贾谊、董仲舒、司马迁等汉代学者眼中，亡秦带有很大的罪恶特点，而和秦相关的政治家诸如商鞅、李斯等就是助秦为恶。汉代一系列问题的根源，汉代学者会像泼脏水一样泼给秦王朝。这种思路并不罕见，所以《汉书·食货志》中上述说法应当和实际情况有很大差别。商鞅变法后的情况，与董仲舒所说不吻合；而商鞅变法前的情况，今天学者们掌握的资料更少，至少秦国有没有井田制，还是一个值得探讨的大问题。

井田制虽然被许多文献称引，并被后人视为理想蓝图，但它未必在周代各封国中普遍推行。正如许倬云先生所说，在井田上"千耦其耘"的"大规模的耕作"，"是否为周初各地的普遍现象，仍然在待证之列"，"至少在《诗经·豳风·七月》中叙述的情形，似乎已是个体小农的经营，农夫有自己的居室，妻儿随着农

四、关于商鞅变法是否承认土地私有

夫同去田间,而农夫对于主人的义务,是出于实物和劳力的双重配合。……这是在领主领地上的附庸人口,经营的是分配给一家的小农庄,不是在大面积上集体耕作的大农场"[1]。许说是有道理的,周代宗族势力强大,以血缘为纽带,若干附庸家庭的土地聚合在领主土地周围,这样的情形不会是个案,很难说这样的土地制度都是井田制。而秦国的情况很特殊,它起源于周人之附庸,不同于齐、鲁、晋、卫等东方大封国,其宗法因素较为淡漠,和周王室也相对疏远,这样看推行井田制的可能性似乎不大。既然如此,汉代人说商鞅废除井田,就有比较大的理想主义成分。不少马克思主义史学大家曾经指出,井田制是中国奴隶社会的一种形式但并不是仅有的形式,在井田制以外还存在另外的田制。如林甘泉先生认为,由于地有美恶之别,中国的奴隶社会曾经实行不同的授田法[2]。杨宽先生认为,在平原地区实行井田制,在山林沼泽就没有

---

[1] 许倬云:《西周史》增补二版,生活·读书·新知三联书店,2012年,第248页。

[2] 林甘泉:《中国封建土地所有制的形成》,《历史研究》1963年第1期。

实行[1]。金景芳先生认为，周代"于野实行井田法"，但在"国"中则否[2]。徐中舒先生认为，周代在实行井田制的同时，还存在着爰田制；井田，只是适合于中国东方低地的田制，而爰田制才是"普遍存在的制度"[3]。总之井田制并非周代社会唯一的土地制度，这是半个世纪以前学者们就已经达成的共识。

退一步讲，即便秦国推行井田制，也应该是贵族所有制。《诗经·小雅·北山》说的"普天之下，莫非王土"，应不是从土地所有制而言，似乎是从政治主权而言，并且如《孟子·万章上》所说，此处诗歌作者表达"劳于王事而不得养父母也"的抱怨，目的是说"此莫非王事，我独贤劳也"，和土地制度不相关：

> 咸丘蒙曰："《诗》云，'普天之下，莫非王土。率土之滨，莫非王臣。'而舜既为天子矣，敢问瞽瞍之非臣，如何？"曰："是诗也，非是之谓也。

---

[1] 杨宽:《试论中国古代的井田制度和村社组织》,《古史新探》, 中华书局, 1965 年。

[2] 金景芳:《井田制的发生和发展》,《历史研究》1965 年第 4 期。

[3] 徐中舒:《试论周代田制及其社会性质》,《四川大学学报》1955 年第 2 期。

四、关于商鞅变法是否承认土地私有

劳于王事而不得养父母也。曰:'此莫非王事,我独贤劳也。'故说诗者不以文害辞,不以辞害志。以意逆志,是为得之,如以辞而已矣,《云汉》之诗曰:'周馀黎民,靡有孑遗。'信斯言也,是周无遗民也。"

孟子说得很明确,《诗经·小雅·北山》此语,并不应该被当作客观的史实去解读,因为它是文学语言,包含了夸张的修辞色彩。进而孟子提出了一个非常重要的命题,"以意逆志"。这要求解读诗的人,不要拘于个别义字而误解语句意思,也不要拘于语句意思而误解诗人的表达主旨。要通过自己读作品的感受去推测诗人的主旨,这样才能真正理解诗的意思。很有意思的是,孟子还补充了一个证据:如果说解读诗只拘于词句,那《云汉》这首诗说,周朝剩余的百姓,没有一个孑遗留存下来。如果相信这句话,那就会认为周代的确是一个人也没有了,那么你我又是什么呢?孟子的视角是锐利的,解读文学作品贵在与作者交流思想感情,而不是咬文嚼字,刘勰所说"夫缀文者情动而辞发,观文者披文以入情,沿波讨源,虽幽必显"

(《文心雕龙·知音》),与孟子的思想合拍。我们不过多顾及文学理论的层面,有一点是明确的,那就是诗作为文学作品,经过了复杂的艺术加工(《诗经》来自乐官到民间的采风,以及贵族给周王室的献诗,从作者、采编者、整理者、演奏者经过许多环节的艺术加工),而历史记载讲究的是客观平实,两者的风格截然不同,一旦混淆,许多问题也就说不清了[1]。

郭沫若先生的《中国史稿》指出商鞅"废除以井

---

[1] 对于诗和历史的不同,亚里士多德有经典的表述。他认为:"诗人的职责不在于描述已经发生的事,而在于描述可能发生的事,即根据叶然或必然的原则可能发生的事。历史学家和诗人的区别不在于是否用格律写作(希罗多德的作品可以被改写成格律文,但仍然是一种历史,用不用格律不会改变这一点),而在于前者记述已经发生的事,后者描述可能发生的事。所以,诗是一种比历史更富哲学性、更严肃的艺术,因为诗倾向于表现带普遍性的事,而历史却倾向于记载具体事件。所谓带普遍性的事,指根据叶然或必然的原则某类人可能会说的话或会做的事——诗要表现的就是这种普遍性,虽然其中的人物都有名字。所谓具体事件,指阿尔基比阿得斯做过或遭遇过的事。"见〔古希腊〕亚里士多德著,陈中梅译注《诗学》,汉译世界学术名著丛书,商务印书馆,1996年,第81页。亚里士多德的分析是精辟的,表明在西方学者视野中,诗表现的是普遍性的内容;而历史则是个案,反映的是具体信息。以孟子为代表的中国学人,学术路径与西方学者不同,但是对诗和历史语言的差别也有清晰的认识。

四、关于商鞅变法是否承认土地私有

田为主干的土地国有制(也就是贵族所有制)"[1],则比较客观。周王将土地永久性地赏赐给了大小诸侯,诸侯们又将土地赏赐给下级贵族,使西周形成多级领主土地所有制状态,这种所有制状态是大小贵族对土地的分级所有。《汉书·食货志》中说井田"田里不鬻",也非周代实际情况。如今看到的西周时期的若干篇贵族买卖土地的长铭文,在为数不多的有关西周社会经济的铭文中占有相当大的比例,可见土地买卖应不是偶然现象[2],这也与土地贵族所有制相吻合。秦国在商鞅变法前,地广人稀,诸侯以夷狄视之,故此要招徕东方人口,很明显这时土地不是问题,大小贵族乃至庶民占有土地,当属必然。既然周代土地为大小贵族掌控,买卖也非偶然,那么商鞅变法要废除土地国有、承认私有、允许买卖,就显得没有意义了。

---

[1] 郭沫若:《中国史稿》第2册,人民出版社,1963年,第10页。
[2] 沈长云:《金文所见西周王室经济》,《上古史探研》,中华书局,2002年,第208页。

(二)战国时期土地私有程度

《汉书·食货志》所说"除井田"之后就"民得卖买"[1],进而出现了"富者田连阡陌,贫者亡立锥之地"

---

[1] 徐中舒、裘锡圭先生指出,汉唐人往往把开阡陌解释为设立阡陌,这是有道理的。宋代朱熹作《开阡陌辨》,提出了开阡陌为废阡陌的新说,近人多信从之,其实此说不可信。从古代文献看,商鞅以前没有阡陌之称,商鞅以后一直到汉代则常见阡陌之称,云梦秦简关于法律的答问里有一条说"封即田千(阡)百(陌)顷半(畔)封殹(也)"(《文物》1976年第8期),这是曾立阡陌而未曾废阡陌的确证,在商鞅的时代,秦国没有开垦的土地很多,根本不存在朱熹所说的把阡陌开成田地的需要。见徐中舒《试论周代田制及其社会性质》,《四川大学学报》1955年第2期;裘锡圭:《战国时代社会性质试探》,《古代文史研究新探》,江苏古籍出版社,1992年。这样看,商鞅变法之前的井田制度更是经不住推敲;而商鞅变法之后,秦国以行政手段设立阡陌,更能说明这一次土地改革的国有性质。林剑鸣先生进一步指出,本来古人对"开阡陌"的"开"字,就有两种不同理解。一种认为:"开为开置之开,言秦废井田而始置阡陌也。"另一种认为:"所谓开者,乃破坏划削之意,而非创置建立之名。"(见《文献通考》田赋一)前一种意见将井田与阡陌对立起来,以为"秦废井田,而置阡陌",后一种意见把井田与阡陌视为一回事:"所谓阡陌乃三代井田之旧。"其实,这两种意见都失之片面,"开阡陌"的"开"既有创置建立之意,又有破坏划削之意,一方面需将土地的旧阡陌削掉,另一方面还要创置建立新阡陌。因此,在文献上有的写作"开阡陌"(《史记·秦本纪》《商君列传》《六国年表》《秦始皇本纪》),有的写作"决裂阡陌"(《战国策·秦策》《史记·蔡泽列传》),有的又作"制阡陌"(《通典·食货一》)。因此,仅仅从"开

四、关于商鞅变法是否承认土地私有

的现象,不符合战国社会的实际情况。战国时期土地私有程度并不高,不仅今天较少见到战国时期的土地买卖文书契约,而且文献中记载的几个有关土地私有的事例也须推敲。

《史记·廉颇蔺相如列传》中赵括母亲说赵括"王所赐金帛,归藏于家,而日视便利田宅可买者买之",顾颉刚等先生认为《史记》战国诸世家中赵国故事独详,应系祖籍赵国、和司马迁关系甚密的冯唐、冯遂所宣扬,笔墨生动,但夹杂汉代的润色乃至虚构。这一情况宋人已经看出,宋版《战国策》未收录[1]。《史记·苏秦列传》中苏秦感叹"使我有雒阳负郭田二顷,吾岂能佩六国相印乎",但在《战国策·秦策三》相同的情节中,苏秦并没有说这一句,这一句也应是汉代人的添枝加叶。唐兰先生就曾指出,《苏秦列传》的许

阡陌"三个字,并不能逻辑地推出"废井田"的结论。见林剑鸣《秦国奴隶制社会形态的特点》,《社会科学战线》编辑部编:《中国古史论集》,吉林人民出版社,1981年。林先生考虑到了文字的多义性与复杂性,调和了两种不同的观点,并指出"开阡陌"与商鞅变法之前的土地制度之间没有必然的联系,非常有说服力。

[1] 顾颉刚:《司马谈作史》,《史林杂识初编》,中华书局,1963年,第228页。杨师群:《东周秦汉社会转型研究》,上海古籍出版社,2003年,第77页。

多情节等于后世的传奇小说[1]。

从云梦睡虎地秦律中《田律》《仓律》的记载看，地方官需要准确地向朝廷报告其所辖土地的田亩面积、种植情况、庄稼长势以及自然灾害等，国家要求官员按时视察农业生产情况，下令保护山林川泽、禁止随意砍伐捕捞。这些内容标志着国家已经把经济牢牢掌控在手中，正如杨师群先生所说："在国家官府如此严密的控制之下，又普遍实行授田的国家土地所有制中，还会有多少私有土地能插足其间呢？"[2]

甚至到秦王朝建立以后，土地私有也没有大量普及。即便政府已无田可授或土地不多，秦始皇也还在尽力维系这一制度。秦始皇三十一年（公元前216年）诏告天下"使黔首自实田"，这似乎并不是宣告土地私有，从字面上看应是国家已没土地给农民，只能让农民自己去开垦，设法占有定额土地，以达到国家制度要求[3]。这只是表示土地国有的授田政策有松动，逐渐

---

[1] 唐兰：《司马迁所没有见过的珍贵史料》，见马王堆汉墓帛书整理小组编《战国纵横家书》，文物出版社，1976年，第127页。

[2] 杨师群：《东周秦汉社会转型研究》，上海古籍出版社，2003年，第76—77页。

[3] 袁林：《"使黔首自实田"新解》，《天津师范大学学报》1987年第5期。

四、关于商鞅变法是否承认土地私有

向土地私有转化,并不能说明私有土地在秦代有很大市场。我们这样讲并不是否定土地私有和买卖在当时完全不可能出现,一旦某种现象需要国家去禁绝,就说明它是存在的,至少是零星存在。《韩非子·外储说左上》记载:"王登一日而见二中大夫,予之田宅。中牟之人弃其田耘、卖宅圃而随文学者,邑之半。"这里可以赏赐与买卖的"田宅""宅圃"应指的是住宅园圃,并非国家正式授予的百亩土田。《史记·白起王翦列传》也记载:"王翦行,请美田宅园池甚众。始皇曰:'将军行矣,何忧贫乎?'王翦曰:'为大王将,有功终不得封侯,故及大王之乡臣,臣亦及时以请园池为子孙业耳。'"王翦所请的"美田宅园池"也可如是观,这些田需要向秦始皇"请",也说明国家对土地的严格管控。《汉书·食货志》中班固称引李悝、晁错对一家五口授田百亩的小农经济的描述,相差数百年,言之凿凿,差别无几。而在汉代以前田契文书又比较罕见,这样的现象绝非偶然。正如沈长云先生所说,战国时期的文献,包括《周礼》、《战国策》、诸子等,基本没有谈到土地买卖或转让的情形,出土文献也如此。少数一两条提到土地集中或土地买卖的记载,也都是汉代人的追记,说明战国时期各国没有或基本没有个人对土地的私有这样一个事实[1]。

商鞅变法之前的秦国倘若是贵族掌握着大量土地,那么商鞅承认土地私有、允许买卖,就会很快使土地集中于新贵族并加剧贫富分化(即董仲舒所说的"富者田连阡陌,贫者亡立锥之地")。这样国家手中仍旧没有大量土地,和先前的贵族土地所有制没有实质上的区别。君主很难凭借私有土地扩充徭役赋税,就不可能顺利地"急耕战之赏","倾邻国而雄诸侯"的局面更是无从谈起。故此在汉代以前,即便有土地私有与买卖,也不成气候,和土地私有制的确立还有相当长一段距离[2]。

(三)战国各国普遍推行的授田制

战国时各国都要加强君权,君主和国家势必要把

---

[1] 沈长云:《从银雀山竹书〈守法〉、〈守令〉等十三篇论及战国时期的爰田制》,《中国社会经济史研究》1991年第2期。
[2] 杨师群:《东周秦汉社会转型研究》,上海古籍出版社,2003年,第79页。

四、关于商鞅变法是否承认土地私有

土地牢牢地掌握在手中,这样才有富国强兵的物质支撑。如果推行土地私人占有,就会削弱君权的经济基础,很容易形成国家的敌对势力。于是当时各国君主推行的非但不是土地私有,反而是土地国有,国家以"行田""均地""分田"等名义跨过各层贵族直接授田给农民,学者们称此为授田制。近三四十年的出土文献云梦睡虎地秦简、银雀山汉简、青川木牍等一大批土地制度资料都说明了这一点。虽然这种制度久而久之会造成土地私有的结果,但是授田之初只给农民使用权,农民不能据为己有。农民耕种国家土地,须向国家缴纳赋税、服徭役。这样,在调动农民积极性的同时,国家的税源也有了充足的保障。有学者形容,田地里每一粒粟米都和前线战事胜负与将士性命相关,此说可谓切中肯綮。授田者除了本国平民之外还招徕外来者,以增强国家实力。这样大小贵族占有土地的局面便走到了尽头。

为了防止土地向私有转化,国家还在授田制的基础上推行"爰田"的做法[1]。《国语·晋语三》中的"作

---

[1] 林剑鸣先生指出,进入春秋以后,晋国的井田制彻底崩溃,晋惠公战败于韩地,为秦所房,晋国甲兵伤亡殆尽,于是国内诸大臣于公

商周时期的社会变革

辕田",贾逵注:"爰田"即"辕田","辕,易也,为易田之法,赏众以田,易者,易疆界也"。爰田制要求:土地由国家统一授给个体农户,并按土地好坏决定授田数量的多寡;在田地种植三年肥力耗尽时,就须抛弃荒置若干年以便恢复肥力,农民就需要迁徙到肥力恢复的土地。这种做法应在战国历史上真实存在过,银雀山汉简《田法》就记载,"三岁而壹更赋田,十岁

元前645年"作爰田","作州兵",不久"群臣辑睦,甲兵益多"(《左传》僖公十五年),其所以在"作爰田"之后,就"作州兵",从而"甲兵益多",正是因为爰田制"使自赋",每个人都能当兵,改变了井田制下"野人"不能当兵的旧制。可见,井田和爰田不仅是授田的形式不同,而且在剥削的方式上也有所不同,而由井田至"三年一换土易居,至一次授田,六十归还"的爰田,则一步步地向私有土地靠拢。秦在建国之初,无疑是推行着具有军事屯田性质的爰田制。因为:首先,在秦占领的"丰岐之地",封建因素出现最早,井田不能恢复;其次,秦国又需要更多的人当兵打仗,所以只能实行爰田。孟康说:"三年爰土易居,古制也,末世浸废,商鞅相秦,复立爰田。不复易居也。"可见"爰田"必在秦国历史上实行过,商鞅变法的"制辕田"(《汉书·地理志》)就是把过去实行过而"末世浸废"了的制度恢复过来。不过从前实行的是"三年易土爰居",商鞅变法以后则"不复易居"而已。见林剑鸣《秦国奴隶制社会形态的特点》,《社会科学战线》编辑部编:《中国古史论集》,吉林人民出版社,1981年。林先生此说,则意味着商鞅变法前后制度存在一致性。但是否如孟康所说,商鞅变法之前是"三年易土爰居",商鞅变法之后"不复易居",则可商榷。因为土地"不复易居"就意味着农民对土地的占有权逐渐转化为所有权,私有的趋势越来越大,这不大符合商鞅时代的社会特点。

四、关于商鞅变法是否承认土地私有

而民毕易田,令皆受美亚(恶)□均之数也",是说农民每三年要更换国家授予的"赋田",十年完成上中下三等"美恶"土田的轮换,不会让农民固定在某块土地上。1979年四川青川出土的木牍《为田律》,是秦武王二年(公元前309年)发布的命令。它明确指出:

> 二年十一月己酉朔朔日,王命丞相戊、内史偃、□□更修为田律:田广一步,袤八则,为畛,亩二畛一百(陌)道。百亩为顷,一千(阡)道,道广三步。封高四尺,大称其高。埒高尺,下厚二尺。以秋八月修封埒,正疆畔及发千百(阡陌)之大草。

此文表明秦在商鞅变法之后,曾以法律形式强制实行国家对土地的统一管理,谈到由国家统一制定顷亩面积和田间道路的规格,强调每年按时由政府统一维修和整饬农户们使用的份地间的疆界,统一组织铲除田间阡陌上的大草。这些规定正是国家为了保证农户对土地的平均占有,防止其因土地分配不均造成贫富分化的预防措施,这样农民是无法取得对同一块地的长期而固定的使用权和占有权的。这些举措的精神，恰好与爰田制的精神相吻合。所谓爰田制，实际上也就是不使农民取得对土地的长期而固定的占有权，从而防止私有土地产生的一种手段[1]。

授田与"爰田"的前提是国家存在大量无主荒地，一旦国家手中没有土地，这样的制度就濒临绝境，私有化的过程就会加速。应当说，《汉书·食货志》中描述的土地私有以及兼并的情况是汉代的现象，人们从汉代的文献记载中不难发现这一点。董仲舒、班固等人将之前推二百余年，既不符合史实，也与战国时期各国争雄白热化的历史背景相违背。有学者这样形容商鞅变法时期的土地政策：商鞅废除公社所有的井田制，建立新的授田制度，虽然原则上仍为土地国有，但由于农民可以长期占有土地以及国家直接管理基层土地存在困难，实际上大大助长了土地私有化的趋势，为以后土地兼并、贫富不均等社会问题的产生埋下了伏笔[2]。这样的总结，较之商鞅废井田承认土地私有允

---

[1] 沈长云：《从银雀山竹书〈守法〉、〈守令〉等十三篇论及战国时期的爰田制》，《中国社会经济史研究》1991年第2期。

[2] 张帆：《中国古代简史》，北京大学出版社，2001年，第46—47页。

许买卖，是更为准确的。

（四）其他

唯物史观不仅是核心素养的重要要求，也是学生掌握历史规律的重要途径。没有唯物史观，即便能把一连串的史事讲清楚，也难以科学地阐明这些史事在历史发展中的意义。但问题在于，运用唯物史观时，一旦采取说教而不是渗透的形式，贴标签的痕迹就很重，教学过程就显得生搬硬套。即便学生能机械背诵应付考试，也难以给思维带来启迪。一线教学如何能够让唯物史观落地，而不是贴标签，是教学中值得思考的问题。生产力是社会发展的最终决定力量，生产关系适应生产力发展才能推动社会进步；人类社会在矛盾中前进，历史的发展呈螺旋式上升；一切历史发展都是偶然性和必然性的统一；人民群众是历史的创造者，杰出人物只能顺应历史而不能改变历史发展趋势……这些规律的确需要在历史教学中贯彻，但除了搭建宏观框架之外，当今历史教学中尤其要做到以下几点：

其一,唯物史观不应以"论"代"史",须以"史"作为教学基础。唯物史观非常重要,其中实事求是是其根本的原则。在教学中贯彻唯物史观,根基在于史实的铺垫。习近平同志指出:"实事求是,是马克思主义的根本观点,是中国共产党人认识世界、改造世界的根本要求,是我们党的基本思想方法、工作方法、领导方法。"[1]在相当长一个时期,我们习惯于用"论"来阐发历史现象,走过一段以"论"代"史"的弯路,这样做反而不能以理服人,教学效果较差。如果说,《汉书·食货志》中,董仲舒所说"除井田,民得卖买,富者田连阡陌,贫者亡立锥之地"还是陈述现象,并描绘由这一现象带来的后果的话,那么我们把它形容成废除井田制、确立土地私有制、激化阶级矛盾,则"论"的痕迹大于"史"。我们的教材语言,以及课堂讲授语言,往往很多时候套用了学术著作中"论"的语汇而不是摆出史实。我们在使用时并没有想这些语汇在此应用是否恰当。在教学中,这样的做法产生的问题是,学生接受的是笼统的概念,而不是逼真的事

---

[1] 中共中央宣传部:《习近平新时代中国特色社会主义思想三十讲》,学习出版社,2018年,第326—327页。

四、关于商鞅变法是否承认土地私有

实,他们很难从抽象的概念中获得历史感。并且抽象的概念能否恰如其分地概括史实,也是一个问题。荀子曾指出,能让人们产生成见从而受蒙蔽的因素很多:"欲为蔽,恶为蔽,始为蔽,终为蔽,远为蔽,近为蔽,博为蔽,浅为蔽,古为蔽,今为蔽。"甚至"凡万物异则莫不相为蔽",这就是"心术之公患也"(《荀子·解蔽》)。史学工作者如果以"论"代"史",一定会有所"蔽",难免传播成见。白寿彝先生就曾指出,历史学科不能"论"多"史"少或者有"论"无"史","史"跟"论"应是统一的。一方面要求用唯物主义的理论恰当地阐释历史,另一方面"论"本身不能代替"史",不应该把"论"作为替代历史叙述的套话。这种"论"有不少是从经典著作中搬出来的,但讲这种"论"的办法,却恰好违背了对具体问题进行具体分析的马克思主义原则[1]。就商鞅变法这一措施而言,有的史家描述得就较为妥当:"(商鞅)把旧日封区的疆界一概铲平,让人民自由占耕未垦辟的土地,让国家对人民直接计

---

[1] 白寿彝:《历史学科基本训练有关的几个问题》,《白寿彝文集》历史教育·序跋·评论卷,河南大学出版社,2008年,第19页。

产征税。"[1]这样陈述史实，就事说事，已经包含了授田制下土地国有的历史概念，但不轻易贴标签，不仅易于学生理解，而且避免了概念使用不当的风险。

这就要求我们在实际教学过程中，尽可能地用史实呈现出"论"，正如司马迁称引孔子的话："我欲载之空言，不如见之于行事之深切著明也。"如果老师恰当地遴选出能够反映思想观点的材料，学生一下子就能明白这些内容的呈现意图，这样不着痕迹、言之有据。比如关于诸子百家出现的历史背景，一般教材都会把它分成几个层面来呈现：

> 经济上，铁器牛耕出现，井田制崩溃。
> 政治上，周王室衰微，分封制瓦解。
> 社会上，士阶层崛起，受到各诸侯国统治者的重用。
> 思想上，出现私学，贵族垄断教育的学术局面被打破。

---

[1] 张荫麟：《中国史纲》，上海古籍出版社，1999年，第101页。

四、关于商鞅变法是否承认土地私有

侯外庐等先生曾经指出:"'土地国有'(引者按,这样的说法和今天学者的看法区别很大,前文已言,这里不如说成"贵族土地所有"),一方面是学在官府的基础,同时也是使学术不能下于私人的桎梏。打破这一桎梏的唯一关键在生产方式的改变,而春秋发明了铁,则显然是此种改变的主要物质基础,同时也因为阶级分化,出现了私学思想家,开始了严密的中国古代思想史。"[1] 这样以马克思主义唯物史观诠释中国古史的上层建筑,是没有问题的,但是就青少年学生的认知水平而言,直接引用侯先生这一段文字,不加诠释,或者采用以上几个"公式化"的呈现层面,不用史实来说明,学生都是难以理解的。即便是成年人也会觉得苍白,或者认为牵强附会、有灌输之嫌,"土地国有"何以成为"学在官府的基础",以及"也是使学术不能下于私人的桎梏"?"春秋发明了铁"何以成为这种转变的物质基础?为什么说"因为阶级分化,出现了私学思想家"?这若干"公式化"的层面有怎样环环相扣的关系?但如果老师遴选资料到位,借助

---

[1] 侯外庐主编:《中国思想通史》第1卷,人民出版社,1957年,第32页。

史实来说明这一系列的连锁反应，恐怕效果就会有很大不同。

当时的土地制度（即侯先生说的"土地国有"）何以成为"学在官府的基础"？这和上古时期较低的生产力水平相关。经专家推算，在用木、石、骨质农具进行生产的条件之下，夏代亩产40斤左右，商代亩产60斤左右，西周亩产80斤左右[1]，这样的产量是微不足道的（原始氏族时代的亩产量更低）。氏族部落为了生存繁衍，在困苦的经济环境下只能采取聚族而居的生产生活方式：一是人多力量大，在粗放型的经济模式中便于创造更多的劳动成果；二是能够应对恶劣条件下的突如其来的挑战（如野兽袭击、异族侵扰等）。考古资料和典籍文献记载都说明，西周时期人们以较大规模的父系家族组织为生产单位，进行集体生产。家族共同占有土地，则势必采取共同居住的方式。古史专家曾举长安沣西张家坡西周墓地的例子来说明西周庶民家族的形态：这一区域的墓葬应视为一个整体，即一个亲属集团的墓葬；此45个墓又可分成7到8个

---

[1] 杨贵：《对夏商周亩产量的推测》，《中国农史》1998年第2期。

四、关于商鞅变法是否承认土地私有

墓组,其中1个墓组面积较大,随葬有戈、鼎、簋;其他墓组面积较小,不见礼器与兵器随葬。这样的墓葬形制以及随葬品分布,说明这一较大墓组可能就是族长本支[1]。著名的《诗经·豳风·七月》中,西周豳地的一庶人家庭除了一年到头为宗族族长竭尽各种义务之外,年终还得"跻彼公堂",到宗族族长家中参加全族的宴享与祭祀。《诗经·周颂·载芟》记载了宗族生产场景:"载芟载柞,其耕泽泽。千耦其耘,徂隰徂畛。侯主侯伯,侯亚侯旅,侯彊侯以。"毛传言:"主,家长也;伯,长子也;亚,仲叔也;旅,子弟也;彊,强力也;以,用也。"整个宗族的成员在田野上进行大规模集体生产,在族长的率领下劳作井然有序。可见,在西周时期的关中地区(豳为公刘所迁之都,在今陕西彬县、旬邑县一带),由某一大宗的宗族族长率领,若干小宗或者附庸环绕周围进行生产生活的局面是存在的,即侯先生等学者认可的"土地国有"制度。这是贵族们赖以生存的经济基础,自然学术与文化教育活动由此派生,即"学在官府的基础"。这样的环境下

---

[1] 朱凤瀚:《商周家族形态研究》,天津古籍出版社,2004年,第421—423页。

脱离部族的个体难以生存，故而"土地国有"制度也是"使学术不能下于私人的桎梏"。

随着铁器牛耕的出现，生产力得到大幅度的提升。《孟子·万章下》说："一夫百亩，百亩之粪，上农夫食九人，上次食八人，中食七人，中次食六人，下食五人。"可知战国时期"一夫"所授"百亩"份地的中等产量（"中""中次"）可供六七人口粮。每家授田"百亩"，约合今30亩，若以《汉书·食货志》所载李悝变法时每人平均月消费粮食1.5石、年消费粮食18石（一般认为此为容量石，每石可折合不脱壳、水分适中的稻米17公斤左右）计算，《孟子》所说中等产量田的亩产量应在110斤或120斤左右（17公斤×1.5石×12个月×6人或者7人×3倍/100亩）[1]，而上等田亩产量应在140斤或150斤左右。有务农经验的人知道，在化肥与农药出现之前，这样的数量已经相当

---

[1] 黄展岳：《关于秦汉人的食粮计量问题》，《考古与文物》1980年第4期。如果按照重量石计算，一石60公斤，合今天30公斤左右，见梁方仲《中国历代户口、田地、田赋统计》，上海人民出版社，1980年，第545页。这个说法一般学者不采纳。周制100亩，一说约合今29亩，一说约合今37亩，基本上符合"三十亩地一头牛"的俗语。

四、关于商鞅变法是否承认土地私有

可观。于是人们不必聚族而居、集体劳作,凭借铁器牛耕就可以收成丰盈;如果没有苛捐杂税,农人能够过上比较富足的日子(这与《汉书·食货志》中李悝给农人交税与应酬的支出算的一笔账是吻合的)。进而就有农人离开贵族土田、开垦新田的可能,《诗经·魏风·硕鼠》中农人抱怨魏国的苛政,说:"逝将去女,适彼乐土。乐土乐土,爰得我所";"逝将去女,适彼乐国。乐国乐国,爰得我直";"逝将去女,适彼乐郊。乐郊乐郊,谁之永号?"这样的"乐土""乐国""乐郊"并不是作者构建的乌托邦,而是现实中完全存在的开垦私田的现象。既然井田或者其他贵族土田上的农人不断逃亡,旧有的田制无法维继,列国就不得不进行"初税亩""作封洫""初租禾"等一系列田制改革。这意味着宗法分封制度下的贵族赖以生存的物质基础动摇了,宗法分封制度势必受到影响;宗法分封痕迹越重,影响越剧烈,改革的难度也就越大。钱穆先生说:"晋分为三家,齐篡于田氏,鲁则三桓强于国内,公室仅如小侯。卫势日削,自贬其号曰侯。吴灭于越,陈、蔡灭于楚,郑灭于韩,史记所谱春秋十二诸侯,能继续保持其重要地位者惟楚、秦二国而已。鲁、卫以文化维持当时宗法封建国家之传统尊严，齐、晋则以武力维持当时宗法封建国家之传统地位。楚、秦则代表相反对之一种势力也。诸国中受封建传统文化束缚愈深者，其改进愈难。"[1] 中下层贵族受到的冲击是最大的，这样以孔子为代表的"士"阶层就不得不自食其力，出卖其知识与学问：一方面邀列国君主之宠，希望受到重用施展才华；另一方面做专职的教师与学者，招收门徒，传播知识，探讨学术以糊口。这样"士"阶层就空前地壮大与活跃起来，其中既包括旧贵族领主、文化贵族之没落者，也包括平民之有文化才艺与军功者。进而学术的下移成为历史趋势，以孔子为代表的先行者使私学破土而出，贵族垄断教育的学术局面被打破，孔孟以及诸子门徒皆为例证。钱穆先生说："孔子以平民儒士，出而批评贵族君大夫之生活，欲加以纠正，则亦非先例之所许也。故曰：'天下有道，则庶人不议。'明其为不得已焉。然贵族阶级之颓运终不可挽，则孔子正名复礼之主张徒成泡影，而自此开平民讲学议政之风，相推相荡，至于战国之末，而贵族、

---

[1] 钱穆:《国史大纲》，商务印书馆，1997年，第75页。

四、关于商鞅变法是否承认土地私有

平民之阶级终以泯绝。则去孔子之死,其间二百五十年事耳。所谓诸子学者,虽其议论横出,派别纷歧,未可一概,而要为'平民阶级之觉醒',则其精神与孔子为一脉。此亦气运所鼓,自成一代潮流。治学者明乎此,而可以见古今学术兴衰起落之所由也。"[1]这样梳理对教学来说非常关键。唯物史观强调经济领域对社会巨变产生的不可取代的作用,但这样的作用是作为一条暗线渗透在历史资料之中的。唯物史观是理论问题,需要人们揭示碎片化文字记载背后的规律,古代典籍文献中很少有现成的表述。我们不求面面俱到,但应当立足于比较确凿的"史"(遴选关键内容),钩稽其内在的本质性联系,才能有说服力,从而给学生带来茅塞顿开之感。

其二,运用唯物史观时,不应该出现史实硬伤,须充分考虑到历史的复杂多样性。恩格斯说:"历史是这样创造的:最终的结果总是从许多单个的意志的相互冲突中产生出来的,而其中每一个意志,又是由于许多特殊的生活条件,才成为它所成为的那样。这样

---

[1] 钱穆:《国学概论》,商务印书馆,1997年,第39页。

就有无数互相交错的力量，有无数个力的平行四边形，而由此就产生出一个总的结果，即历史事变。"[1]从恩格斯的话中，我们不难发现影响历史现象的合力充满了变数。无论是"单个的意志""许多特殊的生活条件"，还是"无数互相交错的力量"，都体现了合力的复杂性，绝非千人一面。而那些只强调物质条件而忽略人的实践，把历史发展的动因归结到经济决定论的做法，正是马克思恩格斯所批评的机械唯物主义："如果有人在这里加以歪曲，说经济因素是唯一决定性的因素，那么他就是把这个命题变成毫无内容的、抽象的、荒诞无稽的空话。"[2]从这个意义上看，机械唯物主义者就是把经济因素的作用过分夸大，无视人的意志情感等一系列因素的能动作用，把历史解读成行尸走肉一般的宿命论。

往往这种硬伤出现在"想当然"上，这恰恰违背了唯物主义实事求是的原则：一是凭借"论"想当然，

---

[1] 中共中央马克思恩格斯列宁斯大林著作编译局编译：《马克思恩格斯选集》第4卷，人民出版社，2012年，第697页。

[2] 中共中央马克思恩格斯列宁斯大林著作编译局编译：《马克思恩格斯选集》第4卷，人民出版社，2012年，第697页。

四、关于商鞅变法是否承认土地私有

既然生产力、物质因素、经济关系是历史发展的决定性因素,既然西方历史能提供类似的例证,那么所有历史现象就都能套用这样的公式进行解释,从而忽视了历史的复杂性,造成史实硬伤。须知只看到物的决定作用而看不到人的能动性,只是机械唯物主义;不懂中国和西方历史发展的差异性,只是抹杀多样性的形而上学。比如从商鞅变法确立土地私有制的例子中,就能看出机械地比附西方进入文明时代后原始公社土地公有制瓦解、私有制度确立的历史轨迹。但中国和西方历史发展的一大不同是私有制在相当长的历史时期内并不发达,无视这一点就难免削足适履。包括讲中国进入文明时代建立国家之时就"以地域划分国民",忽略"族"在三代文明中的历史作用,也是这样的问题。二是看到古代文献中某个记载"想当然",但这个记载也许是个案,或者有其针对性,从而并不能说明问题。《汉书·食货志》说商鞅时代就进行土地买卖,造成"贫者亡立锥之地",这样的情况就不符合战国的历史,而说的是汉代,应是托古说今,有着很强的针对性。这样的内容就需要人们结合历史背景作仔细的辨析。因为古代文献语境匮乏,解释有分歧,而且古人的言论也有其特定的语境，如果不深入研究就很可能出错。毛泽东同志在《改造我们的学习》中指出，"详细地占有材料，在马克思列宁主义一般原理的指导下，从这些材料中引出正确的结论"[1]，这是妥帖的做法。但说着容易做着难，教学中用寥寥数语把商鞅变法前后的社会变化实事求是地解释清楚，不是一件简单的事。

其三，唯物史观要求实事求是，世界在变，历史认识也在变，这样人们的知识结构就不应是封闭的，而应不断接受新材料和新观点。正如马克思所指出的，实证科学"与哲学不同，它们绝不提供可以适用于各个历史时代的药方或公式。相反，只是在人们着手考察和整理资料——不管是有关过去时代的还是有关当代的资料——的时候，在实际阐述资料的时候，困难才开始出现。这些困难的排除受到种种前提的制约，这些前提在这里是根本不可能提供出来的，而只能从对每个时代的个人的现实生活过程和活动的研究中产

---

[1] 毛泽东：《改造我们的学习》，《毛泽东选集》修订二版第3卷，人民出版社，1991年，第801页。

四、关于商鞅变法是否承认土地私有

生"。[1]这样不断自我扬弃,才能越发接近真理。改革开放以来,新材料如雨后春笋,历史学研究日新月异,人们对一大批问题的认识大大前进,理论问题研究也日益深入。学者们意识到,商鞅变法后的土地制度就是一个缩影,半个多世纪以前,人们囿于材料的限制,相信《汉书·食货志》的若干说法,但随着云梦睡虎地秦简、青川木牍、银雀山汉简等一大批资料的涌现,战国授田制的面貌浮出水面,引发人们对整个中国古代土地赋役制度的新思考。有学者指出,中国古代土地赋役制度可以划分为三个阶段:第一个阶段是夏商西周至井田制的瓦解,其特点是税人与税地的合一(宗族土地所有制);第二个阶段是战国授田制至中唐均田制的瓦解,其特点是以人户为税基占主导(土地国有制);第三个阶段是两税法到清朝的摊丁入亩,其特点是以土地为税基占主导(土地私有制)[2]。这样的概括,基于学者数十年的研究成果,更能令人信服。商鞅变法后的土地制度,虽然是寥寥数语,但表现了

---

[1] 中共中央马克思恩格斯列宁斯大林著作编译局编译:《马克思恩格斯选集》第1卷,人民出版社,2012年,第72—74页。

[2] 齐涛主编:《中国古代经济史》,山东大学出版社,2001年,第25页。

丰富的学术背景以及历史教育工作者的知识结构，不可不慎。

参考文献

[1] 中共中央马克思恩格斯列宁斯大林著作编译局编译:《马克思恩格斯选集》,人民出版社,2012年。

[2] 毛泽东:《毛泽东选集》修订二版,人民出版社,1991年。

[3] 中共中央宣传部:《习近平新时代中国特色社会主义思想三十讲》,学习出版社,2018年。

[4] 中华人民共和国教育部制定:《普通高中历史课程标准》,人民教育出版社,2018年。

[5] 阿房宫考古工作队:《阿房宫前殿遗址的考古勘探与发掘》,《考古学报》2005年第2期。

[6] 白寿彝:《白寿彝文集》历史教育·序跋·评论卷,河南大学出版社,2008年。

[7] 晁福林:《先秦社会形态研究》,北京师范大学出版社,2003年。

[8] 陈恩林:《齐鲁燕的始封及燕与邶的关系》,《历史研究》1996年第4期。

[9] 陈恩林:《先秦军事制度研究》,吉林文史出版社,1991年。

[10] 陈垣:《陈垣史学论著选》,上海人民出版社,1981年。

[11] 丁山:《甲骨文所见氏族及其制度》,科学出版社,1956年。

[12] 傅斯年:《民族与古代中国史》,河北教育出版社,2002年。

[13] 顾颉刚:《史林杂识初编》,中华书局,1963年。

[14] 郭沫若:《中国史稿》第2册,人民出版社,1963年。

[15] 侯桂红:《试论历史教学立意的概念、确定方法和评价标准》,《历史教学》2015年第7期。

[16] 胡厚宣:《中国奴隶社会的人殉和人祭》,《文物》1974年第8期。

[17] 翦伯赞:《翦伯赞史学论文选集》第3辑,人民

出版社，1997年。

[18] 翦伯赞主编：《中国史纲要》(增订本)上册，北京大学出版社，2006年。

[19] 金景芳：《井田制的发生和发展》，《历史研究》1965年第4期。

[20] 金景芳：《中国奴隶社会史》，上海人民出版社，1983年。

[21] 李峰：《西周的灭亡：中国早期国家的地理和政治危机》，上海古籍出版社，2007年。

[22] 李峰：《西周的政体：中国早期的官僚制度和国家》，生活·读书·新知三联书店，2010年。

[23] 李学勤主编：《中国古代文明与国家形成研究》，云南人民出版社，1997年。

[24] 林甘泉：《中国封建土地所有制的形成》，《历史研究》1963年第1期。

[25] 吕思勉：《中国制度史》，上海教育出版社，2002年。

[26] 马王堆汉墓帛书整理小组编：《战国纵横家书》，文物出版社，1976年。

[27] 聂幼犁、於以传：《中学历史课堂教学育人价值

的理解与评价——立意、目标、逻辑、方法和策略》,《历史教学》2011年第13期。

[28] 齐涛主编:《中国古代经济史》,山东大学出版社,2001年。

[29] 钱杭:《周代宗法制度史研究》,学林出版社,1991年。

[30] 裘锡圭:《古代文史研究新探》,江苏古籍出版社,1992年。

[31] 沈长云:《上古史探研》,中华书局,2002年。

[32] 《社会科学战线》编辑部编:《中国古史论集》,吉林人民出版社,1981年。

[33] 〔美〕斯滕伯格:《教育心理学》,中国轻工业出版社,2003年。

[34] 宋镇豪:《夏商人口初探》,《历史研究》1991年第4期。

[35] 王德民、赵玉洁:《说课的凝意与升华》,《历史教学》2013年第2期。

[36] 王国维:《观堂集林(外二种)》,河北教育出版社,2003年。

[37] 王晖:《商周文化比较研究》,人民出版社,

2000年。

[38] 王永祥:《董仲舒评传》,南京大学出版社,1995年。

[39] 王宇信、杨升南主编:《甲骨学一百年》,社会科学文献出版社,1999年。

[40] 王玉哲:《中华远古史》,上海人民出版社,2000年。

[41] 徐中舒:《试论周代田制及其社会性质》,《四川大学学报》1955年第2期。

[42] 许倬云:《西周史》增补本,生活·读书·新知三联书店,2001年。

[43] 〔古希腊〕亚里士多德著,陈中梅译注:《诗学》,汉译世界学术名著丛书,商务印书馆,1996年。

[44] 杨宽:《古史新探》,中华书局,1965年。

[45] 杨宽:《战国史》,上海人民出版社,2003年。

[46] 杨师群:《东周秦汉社会转型研究》,上海古籍出版社,2003年。

[47] 〔日〕伊藤道治:《中国古代王朝的形成》,中华书局,2002年。

[48] 袁林:《"使黔首自实田"新解》,《天津师范大

学学报》1987年第5期。

[49] 张传玺:《中国古代史纲》上册,北京大学出版社,1991年。

[50] 张岱年、方克立主编:《中国文化概论》,北京师范大学出版社,1994年。

[51] 张帆:《中国古代简史》,北京大学出版社,2001年。

[52] 张鸣:《中国政治制度史导论》,中国人民大学出版社,2004年。

[53] 张荫麟:《中国史纲》,上海古籍出版社,1999年。

[54] 赵世超:《瓦缶集》,人民出版社,2003年。

[55] 中国大百科全书总编辑委员会《考古学》编辑委员会:《中国大百科全书·考古学》,中国大百科全书出版社,1986年。

[56] 侯仁之主编:《中国古代地理名著选读》第1辑,科学出版社,1959年。

[57] 周桂钿:《董仲舒天人感应论的真理性》,《河北学刊》2001年第3期。

[58] 邹衡:《夏商周考古学论文集》,文物出版社,1980年。